# Vietnam

# Die besten Rezepte aus
# Vietnam

© Naumann & Göbel Verlagsgesellschaft mbH, Köln
Alle Rechte vorbehalten
Rezepte: Sylvia Winnewisser
Coverfoto: TLC Fotostudio
Fotos S. 6/7 außen, S. 12/13 außen: dpa
Fotos S. 8/9, 12/13, 16, 18/19, 21, 26/27, 44/45, 50, 56, 60/61, 66, 70, 79, 90, 92, 107,
126, 134, 155, 156/157: mauritius images
Fotos S. 10/11, 14/15, 35, 40, 48/49, 52/53, 55, 62, 68/69, 80, 83, 84, 87, 88/89, 94/95,
98, 108/109, 110, 116/117, 130, 140/141, 146, 149, 150, 159: Susanne Strotmann
Foodfotografie und alle übrigen Fotos: TLC Fotostudio

Gesamtherstellung:
Naumann & Göbel Verlagsgesellschaft mbH
ISBN 978-3-625-12154-1

www.naumann-goebel.de

# Inhaltsverzeichnis

# Einleitung

Wer sich näher mit Vietnam beschäftigt, stellt fest, dass es ein Land voller Gegensätze ist, auf die es zu Recht stolz ist. Sie beginnen bei der Landschaft, setzen sich fort in der Kultur und den Menschen und enden in der vietnamesischen Küche, die leicht und bekömmlich ist und von vielen geschätzt wird. Neben uralten Traditionen herrscht modernes Bewusstsein, westlicher Komfort und Fortschrittsglaube harmonieren mit asiatischer Einfachheit, Kapitalismus besteht neben Kommunismus.

## Das vietnamesische Märchen. Der Drachen aus dem Norden und die Prinzessin aus dem Süden sind die „Eltern" dieses fruchtbaren Landes.

Zur Entstehung des Landes erzählt man in Vietnam das Märchen von der Prinzessin und dem Drachen, die ein Liebespaar waren. Der Drache Tongking kam aus dem Norden, die Prinzessin Cochinchina stammte aus dem Süden. Sie hatten viele Kinder. Leider entbrannte unter den Söhnen bald ein Krieg in der Mitte des Landes. Als dieser beendet wurde, war das Land Vietnam entstanden. Der Drache stieg irgendwann ins Wasser und bildete die Inseln der Ha Long-Bucht. Seitdem ist die Drachenfigur überall im Land zu finden: in Tempeln, als Schmuck an den Häusern, auf Kleidung und Geschirr. Und wenn man sich die S-Form des Landes ansieht, kann man darin mit etwas Fantasie auch die Form eines Drachen erkennen.

Geographisch erstreckt sich Vietnam auf 1650 km entlang des südchinesischen Meeres. Im Norden wird es von China begrenzt, im Süden stößt es an den Golf von Thailand, südwestlich liegen Kambodscha und Laos, mit denen es zusammen die indonesische Halbinsel bildet. An seiner engsten Stelle ist es rund 50 km breit. Die exponierte geographische Lage erwies sich für das Land nicht immer als Vorteil. Einerseits war es stets vielen kulturellen Einflüssen ausgesetzt, die es prägten. Andererseits wurde das Land aber auch von vielen Kriegen heimgesucht, von Besatzungsmächten und Kolonialherren beherrscht. Erst seit etwa 30 Jahren ist in Vietnam wieder Frieden eingekehrt. Auch die Teilung des Landes in Nord-, Mittel- und Südvietnam verdankt es den politischen Unruhen.

Die Menschen Vietnams haben sich inzwischen von den langen Kriegszeiten erholt. Sie sind freundlich und aufgeschlossen jedermann gegenüber. Der zunehmende Tourismus und wirtschaftliche Aufschwung der letzten Jahre lassen sie enthusiastisch in die Zukunft blicken. Sie haben es geschafft, trotz vieler fremder Einflüsse, sie selbst zu bleiben.

Seine geographische Lage setzte Vietnam im Laufe seiner Geschichte vielen fremden kulturellen Einflüssen aus, die es jedoch in allen Bereichen gut in die eigene Tradition und Kultur und besonders auch die Esskultur zu integrieren wusste.

Die unterschiedlichen Einflüsse zeigen sich noch heute unverwechselbar in den Zubereitungsarten der Speisen, den Zutaten und Gepflogenheiten beim Essen. So bedeutet die Dreiteilung des Landes auch eine kulinarische Teilung.

Auch die langjährigen Handelspartner Portugal und Indien haben ihre Spuren hinterlassen. Nicht zu vergessen die Nachbarländer Thailand, Laos und Kambodscha, die ihren Teil zur vietnamesischen Küche beisteuerten.

1000 Jahre Fremdherrschaft der Chinesen – das ging nicht spurlos an Vietnam vorbei. Im Norden, wo Vietnam an China grenzt, findet man eine einfache Küche und die Vorliebe für Suppen und Nudeln.

Das schnelle Kochen im Wok, Essen mit Stäbchen – all das sind chinesische Hinterlassenschaften. Der Boden im Norden ist trocken, gibt nicht viel her, daher werden Speisen wenig gewürzt und kaum mit Kräutern zubereitet. Apropos Suppe – die berühmte Rindfleischsuppe Pho Bo, mit Nudeln, deren Zubereitung übrigens auf eine französische Consommé zurückgeht, stammt aus dem Norden. Dennoch kocht und würzt sie jeder Straßenhändler anders.

In Mittelvietnam liegt die ehemalige Kaiserstadt Hue zwischen Gebirge und Meer. Aus dieser Gegend des Landes, in der nicht viel wächst, kommt jedoch die gehobene Kunst des Dekorierens und Verzierens von Speisen. Kunstvoll geschnitztes Gemüse, gerollte Teig- und Gemüseblätter mit verschiedenen Füllungen sowie Süßspeisen wurden zu Ehren des Kaisers täglich neu kreiert. Mittlerweile ist das Verzieren der Speisen ein allgemeines Merkmal der vietnamesischen Küche geworden.

Nach Süden hin wird es üppig und sehr fruchtbar in Vietnam. Gemüse und exotische Früchte gedeihen hier, es gibt Kokosplantagen, soweit das Auge reicht. Die Vorliebe der Südvietnamesen gilt den Sojasprossen. Im Süden wird abwechslungsreich und raffiniert gekocht. Geschmacksrichtungen wie salzig, süß und sauer werden durch besondere Würzarten betont. Hier werden Spargel, Kartoffeln und Tomaten angebaut, die, wie auch Kaffee, die französischen Missionare ins Land brachten. Weitere typisch französischen Überbleibsel: Baguette und Croissant.

Aus Indien hat man besonders die Vorliebe für Curryzubereitungen übernommen. Zusammen mit Kokosmilch werden daraus Gerichte, von denen man nie genug bekommen kann.

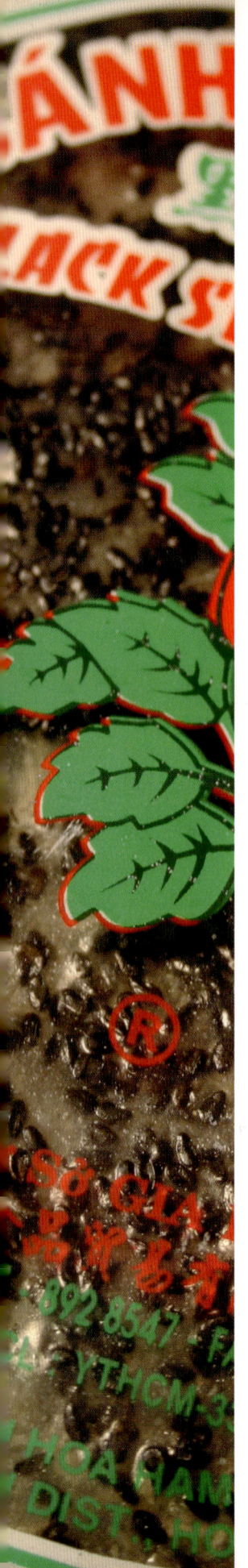

## Raffiniert und einfallsreich die Gerichte – einfach und effektiv die Küchenutensilien.

So abwechslungsreich die vietnamesischen Gerichte und einfallsreich die Kochkünste sind, so elementar und überschaubar sind die Küchengeräte und Kochutensilien einer vietnamesischen Hausfrau. Ein Dämpftopf aus Bambus oder Metall mit einem Dämpfeinsatz und gut schließendem Deckel steht an erster Stelle. Ein Reiskocher ist wichtig, der heutzutage meist elektrisch ist. Zum Dämpfen von Gemüse und Fisch wird aber noch immer gerne der klassische Bambus-Dämpftopf verwendet. Ein Metalltopf mit Deckel ist nützlich, der Wok unumgänglich. Zum Braten ist eine weitere Pfanne mit hohem Rand sinnvoll.

Zum Vorbereiten der Speisen und Hantieren beim Kochen werden einige Gerätschaften wie Metallsieb, Schöpflöffel, Bambussieblöffel, Schaumlöffel, kleiner und großer Bratwender, Schneebesen, Glasierbürste und Bürste zum Reinigen des Wok benötigt. Nicht zu vergessen die Kochstäbchen aus Holz zum Lockern von Reis u. Ä. Wichtige Utensilien sind außerdem scharfe Schneidemesser oder Küchenbeile zum Zerteilen, Hacken und Schneiden von Fleisch, Geflügel, Meeresfrüchten und Gemüse. Es gibt sie in verschiedenen Größen. Eines aber haben alle gemeinsam: Sie sind sehr scharf. „Je schärfer, desto besser", heißt es in Vietnam, und das ist nicht nur auf das Essen bezogen. Die vietnamesische Hausfrau hält ihr Schneidegerät daher mit einem Wetzstein scharf.

Beim Gebrauch eines Küchenbeils kommt es besonders auf die richtige Technik an. Denn mit einem guten Beil lässt sich sogar Hackfleisch herstellen. Je nachdem, wie man das Beil fasst – ob am Griff oder mit Zeigefinger und Daumen an der Klinge –, kann das Beil leicht in jede Richtung gedreht werden, was es ermöglicht, schnell und präzise zu arbeiten und alle

Zutaten in gleich große Stücke zu schneiden. Gehackt und zerkleinert wird auf einem Hackbrett, das in Vietnam meist aus Hartholz besteht und mindestens 15 cm dick ist. Der Vorteil: Es ist so schwer, dass es beim Schneiden nicht wegrutscht. Zum Servieren der Speisen sind wiederum eine Vielzahl an kleinen und großen Tellern, Schüsseln und Schalen notwendig. In einer durchschnittlichen deutschen Küche werden nicht alle diese Gerätschaften vorhanden sein – alle Rezepte in diesem Buch können jedoch genauso mit einer in Deutschland üblichen Küchenausstattung zubereitet werden.

Es gibt unterschiedliche Arten der Zubereitung, die in den drei Landesteilen auch unterschiedlich angewendet werden. Hauptkochgerät des Nordens ist der aus China stammende Wok. In ihm werden Gemüse, Fleisch, Fisch und Geflügel gebraten. Fleisch und Fisch werden klein geschnitten und kurz im heißen Öl gebraten, dann aus dem Wok geholt oder an den Rand geschoben. Das Gemüse wird unter Rühren gebraten, die Sauce bereitet und zum Schluss alles zusammengerührt. Das ist einfach, geht schnell und ist sehr gesund. Gemüse bleibt „bissfest", das heißt Vitamine und Mineralstoffe bleiben zum Großteil erhalten.

Andere Arten der Zubereitung – vor allem in der Mitte und im Süden des Landes praktiziert – sind das langsame Schmoren oder Garen im Ofen von Fleisch und Fisch. Fisch wird auch in Folie oder (Bananen-)Blätter gewickelt und im eigenen Saft geschmort.

Hier liebt man auch Frittiertes. Ähnlich dem japanischen Tempura werden Speisen in Teig getunkt und in heißem Öl knusprig frittiert. Reispapierrollen – eine besondere vietnamesische Spezialität – gibt es zum Beispiel in mehreren Ausführungen: roh, gedämpft und frittiert. In roher Form heißen sie „Glücksrollen", gedämpft „Mandarinrollen" und frittiert „Frühlingsrollen".

Im Dämpftopf wird Gemüse oder Fisch über Wasser im eigenen Saft gegart. Fett ist überflüssig – daher ist das Dämpfen eine sehr schonende und Vitamin erhaltende Zubereitungsart. Im Dämpftopf lässt sich auch Reis sehr gut garen.

Spezialität für Feste und Feiern: der Feuertopf. In kochender Brühe oder Kokoswasser werden Fleischstücke direkt am Tisch gegart, ähnlich dem europäischen Fondue.

Bei der Zusammenstellung einer Speise geht kein vietnamesischer Koch willkürlich vor. Das Gemüse muss absolut frisch sein, wird farblich zusammengestellt. Kontraste werden geschaffen, zum Beispiel grünes und gelbes Gemüse, dazu passende Kräuter ausgewählt.

Besondere Aufmerksamkeit gilt – wie schon erwähnt – der Dekoration der Speisen. Im Schnitzen von Obst und Gemüse sind die Vietnamesen wahre Meister. Kunstvoll werden zum Beispiel Tomaten, Gurken, Radieschen, Möhren oder Chilischoten zu verschiedenen Blütenformen geschnitten. Im Ganzen gebackene Fische werden mit Netzen aus geschnittenen Möhren überzogen. Die Schalen von Orangen, Zitronen und Limetten werden mit Mustern verziert, bevor sie in Scheiben geschnitten werden.

Vietnamesen sind nicht nur Meister der Kochkunst, sondern auch geübt darin, aus wenigen Zutaten ein schmackhaftes Gericht zu bereiten.

So unterschiedlich wie die Einflüsse, die dieses Land geprägt haben, haben sich die Essgewohnheiten seiner Einwohner entwickelt. Ist man bei einem Vietnamesen zum Frühstück eingeladen, kann es sein, dass man nach chinesischem Vorbild mit einer Suppe bewirtet wird, oder ein Croissant mit Milchkaffee oder ein Baguette mit Käse und Schinken angeboten bekommt, wie es in einem französischen Bistro nicht anders sein könnte.

Zur Mittagszeit wird meist nicht viel gegessen. Viele Berufstätige gönnen sich eine kleine warme Mahlzeit an einer der vielen Garküchen: eine Pho, Suppe mit verschiedenen Einlagen und Gewürzen zubereitet, oder ein pfannengerührtes Reisgericht mit Gemüse.

Üppiger geht es beim Abendessen zu. Suppe mit Einlage, Gemüse, Fleisch, Fisch, Geflügel und Reis kommen gleichzeitig auf den Tisch. Die Suppe wird immer mal wieder zwischen den verschiedenen Gerichten gelöffelt. Zum Abrunden des Mahls werden am Ende frische Früchte gereicht oder eine Süßspeise. Nachtisch im europäischen Sinn kennen Asiaten dennoch nicht.

Gegessen wird traditionell an einem niedrigen Tisch, während man auf einer einfachen Strohmatte sitzt. Männer sieht man oft im Schneidersitz, die Frauen legen ihre Beine züchtig auf eine Seite.

Zu Beginn werden alle von der Hausfrau oder dem Kellner mit Reis bedient, der wie die anderen Speisen in großen Schüsseln auf den Tisch kommt. Danach bedient sich jeder nach seinem Geschmack. Man nimmt sich mehrere kleine Portionen und probiert von jeder Speise. Dazwischen isst man etwas puren Reis oder trinkt bzw. löffelt Suppe. Manche Gerichte werden erst bei Tisch zubereitet. Jeder stellt sich etwas

zusammen, das er dann selbst in der kochenden Brühe gart.

Die vietnamesische Küche zeichnet sich durch eher einfache Speisen aus. Reichhaltige Menüs gibt es traditionell nur zu religiösen Festen und bei wohlhabenden Familien. Essen ist in Vietnam zu einer Art Philosophie geworden, die die Menschen hegen und pflegen. Essen bedeutet nicht allein, den Hunger zu stillen, Essen sichert das Überleben und die Fortpflanzung, es bedeutet, dass Frieden herrscht. Genug zu essen zu haben ist Glück.

Oftmals waren die Vorräte knapp und die Menschen mussten aus wenig viel machen. Überschwemmungen, Dürren und Kriege sorgten für Ernteausfälle und Hungersnöte.

Unter der französischen Kolonialherrschaft war man gezwungen, aus den Fleischabfällen, die die Europäer nicht mochten, eigene Nahrung zu bereiten. Daraus entstanden dann Gerichte wie zum Beispiel „Geschmorte Hühnerfüße", die heute in Frankreich als Delikatesse gehandelt werden. Mit speziellen Glasuren wurden die Speisen ess- und haltbar gemacht.

Vielleicht stammt auch der Brauch, die Gerichte liebevoll mit Blüten und Blättern zu dekorieren, nicht nur aus der Vorliebe des Kaisers, sondern aus der Liebe der Menschen zum Essen.

Beim Essen fühlen sich Vietnamesen außerdem ihren Ahnen sehr nahe – auf dem Hausaltar steht immer eine geschmückte Schale mit Reis und anderen Köstlichkeiten für die Geister der Verstorbenen bereit. Hat man sie besänftigt und gesättigt, droht der Familie kein Unheil.

Essen ist in Vietnam eine Lebenskunst, ein Zeichen der Gemeinsamkeit. Ausdruck großer Sympathie ist es, wenn alle aus einer Schale essen und ihr Brot in denselben Dip tunken. Wen man nicht mag, aus dessen Schale isst man nicht.

# Suppen, Snacks und kleine Speisen

# Süßsaure Fischsuppe

**Für 4 Portionen**

| | |
|---|---|
| 50 g Tamarindenpaste | 200 g Ananas |
| 1 rote Chilischote | 1 l Hühnerbrühe |
| 2 Knoblauchzehen | 2 El Austernsauce |
| Salz | 2 El Limettensaft |
| Zucker | 350 g Fischfilet, z. B. Rotbarsch |
| 2 Frühlingszwiebeln | 200 g Sojasprossen |
| 1/2 Stange Staudensellerie | 1/2 Bund Dill |
| 1 El Öl | 1/2 Bund Thai-Basilikum |
| 3 Tomaten | Nuoc Mam (vietnam. Fischsauce) |

Die Tamarindenpaste in 100 ml warmem Wasser einweichen. Die Chili putzen, waschen, entkernen und in Ringe schneiden. Den Knoblauch schälen und hacken. Chili und Knoblauch mit etwas Salz und Zucker im Mörser zerdrücken. Die Frühlingszwiebeln putzen, waschen und schräg in Ringe schneiden. Den Staudensellerie putzen, waschen und in schräge Scheiben schneiden.

Das Öl in einem Topf erhitzen und Frühlingszwiebeln mit Sellerie und der Würzpaste darin anschwitzen. Die Tomaten von den Stielansätzen befreien, waschen, achteln. Die Ananas in Stücke schneiden. Tomaten und Ananas in den Topf geben und unter Rühren mitschwitzen. Die Brühe angießen.

Die Tamarindenpaste durch ein Sieb streichen und mit Austernsauce und Limettensaft verrühren. In die Brühe rühren und alles etwa 8 Minuten köcheln lassen.

Das Fischfilet in Würfel schneiden. Die Sprossen waschen und abtropfen lassen. Die Kräuter waschen, trocken schütteln und grob hacken. Die Fischstücke etwa 3 Minuten in der Suppe ziehen lassen. Dann die Sprossen unterheben. Die Suppe auf Schalen verteilen. Die Kräuter darüberstreuen. Nuoc Mam zum Würzen bereitstellen.

Zubereitungszeit: 30 Minuten (plus Einweich-, Gar- und Kochzeit)
Pro Portion ca. 325 kcal/1365 kJ | 28 g E, 14 g F, 18 g KH

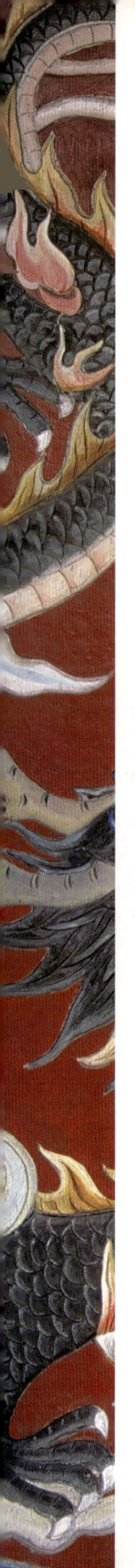

# Rindfleischsuppe Pho Bo

**Für 6 Portionen**

| | |
|---|---|
| 500 g Markknochen und Knochen vom Rind | 250 g Reisnudeln |
| 350 g Ochsenschwanz oder Beinfleisch | 2 Tl Öl |
| 1 Zwiebel | Salz |
| 30 g frische Ingwerwurzel | 1 Bund Koriander |
| 150 g Rinderfilet | 4 Frühlingszwiebeln |
| 3 Sternanis | Nuoc Mam (vietnam. Fischsauce) |
| 2 Gewürznelken | nach Geschmack |
| 1 Tl Fünf-Gewürz-Pulver | |

In einem großen Topf genügend Wasser zum Kochen bringen und die Rinderknochen und den Ochsenschwanz bzw. das Beinfleisch hineingeben. Das Wasser erneut aufkochen, den entstehenden Schaum abschöpfen. Die Temperatur herunterschalten, sodass die Suppe nicht mehr brodelnd kocht.

Die Zwiebel schälen und vierteln. Den Ingwer schälen und in Scheiben schneiden. Zwiebel und Ingwer in einer Pfanne ohne Fett anschwitzen, dann in die Brühe geben und alles etwa 3 Stunden köcheln. Das Rinderfilet bis zum Gebrauch kühl stellen.

Nach der Garzeit die Gewürze in die Brühe geben und 1 weitere Stunde köcheln. Dann abkühlen lassen. Die erkaltete Brühe erneut aufkochen, Knochen und Fleisch herausnehmen und die Brühe durchsieben.

Die Reisnudeln etwa 30 Minuten in warmem Wasser einweichen. 1,5 l Wasser mit dem Öl und etwas Salz aufkochen und die Nudeln darin 3 Minuten garen. In ein Sieb abgießen und abtropfen lassen.

Den Koriander waschen, trocken schütteln und hacken. Die Frühlingszwiebeln putzen, waschen und in feine Ringe schneiden.

Die Brühe erneut erhitzen. Mit Nuoc Mam abschmecken. Das Rinderfilet in sehr feine Scheiben schneiden. Die Reisnudeln in Schalen geben, das Fleisch hinzufügen und mit der heißen Brühe übergießen. Mit Koriander und Frühlingszwiebeln bestreut servieren.

Zubereitungszeit: 30 Minuten (plus Koch- und Garzeit)
Pro Portion ca. 305 kcal/1281 kJ | 13 g E, 22 g F, 14 g KH

# Fleischbällchensuppe

**Für 4 Portionen**
8 g getrocknete Pilze
250 g Hühnerbrust
50 g Spinat
1/2 Tl Salz
3 El Reiswein
2 Eiweiß
75 g Sojasprossen
1 l Hühnerbrühe
Pfeffer
1 El Reisessig
2 Tl Sesamöl

Die getrockneten Pilze 30 Minuten in heißem Wasser einweichen. Das Hühnchenbrust-fleisch in Würfel schneiden und durch den Fleischwolf drehen. Den Spinat putzen, gut waschen, abtropfen lassen und klein hacken.

Das Hühnchenpüree und den Spinat mischen und mit Salz, 1 El Reiswein und dem Eiweiß verrühren.

Die Sojasprossen waschen und gut abtropfen lassen. Die Pilze abgießen, die Stiele entfernen und jeden Pilz halbieren. Die Brühe in einen Topf gießen und aufkochen.

Aus der Fleischmischung walnussgroße Bällchen formen und diese nacheinander in die Brühe geben. Die Pilze, Salz, Pfeffer, Essig, Sesamöl und restlichen Reiswein hin-zufügen und etwa 10 Minuten köcheln. Die Sprossen in Suppenschüsseln geben, die Suppe darauf verteilen und servieren.

Zubereitungszeit: 20 Minuten (plus Einweich- und Kochzeit)
Pro Portion ca. 412 kcal/1730 kJ | 51 g E, 19 g F, 7 g KH

# Krebssuppe mit Mais

**Für 4 Portionen**
1 l Hühnerbrühe
250 g Maiskörner aus der Dose
250 g gekochtes Krebsfleisch
4 Frühlingszwiebeln
1/2 Bund Koriander
2 Eier
Salz
Pfeffer

Die Hühnerbrühe in einem Topf zum Kochen bringen. 100 g Maiskörner hineingeben und in der Suppe pürieren. Die Suppe einige Minuten köcheln.

Das Krebsfleisch fein hacken. Die Frühlingszwiebeln putzen, waschen und in feine Ringe schneiden. Den Koriander waschen, trocken schütteln und hacken.

Krebsfleisch, restlichen Mais und Frühlingszwiebeln in die Suppe geben, erhitzen und mit Salz und Pfeffer abschmecken.

Die Eier verquirlen und unter Rühren vorsichtig in die heiße Suppe gießen. Suppe noch etwa 1 Minute ruhen lassen. Dann mit Koriander bestreut servieren.

## Info
Krebsfleisch wird in vietnamesischen Gerichten häufig verwendet, weil es in den dortigen Gewässern viele Krebse gibt. Krebse leben sowohl in Süß- wie in Salzwasser. Sie werden täglich frisch gefangen und auf dem Markt zu erschwinglichen Preisen verkauft. Krebse werden wie Hummer und Langusten lebend gekocht, dann wird das Fleisch aus den Schalen gelöst.

Zubereitungszeit: 20 Minuten (plus Koch- und Ruhezeit)
Pro Portion ca. 427 kcal/1793 kJ | 28 g E, 14 g F, 45 g KH

# Spargelsuppe mit Garnelen

**Für 4 Portionen**
500 g grüner Spargel
1 l Gemüsebrühe
2 Tl Kartoffelstärke
150 g gekochte Garnelen
1 El Reiswein
Salz
Pfeffer
2 Eiweiß
1/2 Bund Koriander

Den Spargel putzen, die Enden abschneiden und das untere Drittel schälen. Den Spargel schräg in etwa 3 cm lange Stücke schneiden. Die Spargelköpfe abschneiden.

Die Gemüsebrühe in einem Topf aufkochen und die Spargelstücke darin etwa 5 Minuten weich garen. Nach 3 Minuten die Spargelköpfe hineingeben.

Die Maisstärke mit 3 El kaltem Wasser anrühren und die Suppe damit unter Rühren binden. Das Garnelenfleisch würfeln und in der Suppe erhitzen. Mit Reiswein, Salz und Pfeffer abschmecken.

Das Eiweiß schaumig schlagen und langsam in die Suppe rühren. Die Suppe vom Herd nehmen und noch 1 Minute ziehen lassen.

Den Koriander waschen, trocken schütteln und hacken. Die Suppe auf Schalen verteilen und mit Koriander bestreut servieren.

Zubereitungszeit: 30 Minuten (plus Gar- und Kochzeit)
Pro Portion ca. 107 kcal/449 kJ | 12 g E, 3 g F, 6 g KH

# Nudelsuppe mit Spinat

**Für 4 Portionen**

| | |
|---|---|
| 2 Zwiebeln | Salz |
| 50 g frische Ingwerwurzel | Pfeffer |
| 250 g Knollensellerie | 250 g Wasserspinat |
| 125 g Weißkohl | 4 Frühlingszwiebeln |
| 1 Lauchstange | 200 g Reisnudeln |
| 4 Knoblauchzehen | 1 Bund frisch gehackter Koriander |
| 1 Bund Petersilie mit Wurzeln | 1 Limette in Achteln |
| 2 Stängel Zitronengras | Austernsauce |
| 3 El Öl | |

Die Zwiebeln schälen und halbieren. Den Ingwer schälen und mit dem Messer-rücken grob zerdrücken. Den Sellerie schälen und würfeln. Den Weißkohl und den Lauch putzen, waschen und klein schneiden. Die Knoblauchzehen schälen und halbieren. Die Petersilie waschen und trocken schütteln. Das Zitronengras grob zerdrücken.

2 El Öl in einem Topf erhitzen und die Zutaten darin unter Rühren andünsten. 1,5 l Wasser dazugeben und die Suppe aufkochen. Den Schaum abschöpfen und etwa 1 Stunde köcheln. Die Suppe durch ein Sieb in einen zweiten Topf gießen und mit Salz und Pfeffer abschmecken.

Den Wasserspinat und die Frühlingszwiebeln putzen und waschen. Die Spinat-blätter abzupfen und die Stiele klein schneiden. Die Frühlingszwiebeln in Ringe schneiden. Restliches Öl erhitzen und das Gemüse darin unter Rühren kurz braten.

Die Nudeln nach Packungsanweisung garen und auf Suppenschalen verteilen. Darauf Spinat und Zwiebeln geben und mit der Brühe übergießen. Dazu Korian-der, Limettenstücke und Austernsauce reichen.

Zubereitungszeit: 30 Minuten (plus Koch- und Garzeit)
Pro Portion ca. 247 kcal/1037 kJ | 8 g E, 1 g F, 47 g KH

# Gemüsesuppe

**Für 4 Portionen**
1 Zwiebel
2 Knoblauchzehen
5 cm frische Ingwerwurzel
1 rote Chilischote
1 Tl Salz
1 El Sesamöl
1 l Gemüsebrühe
2 Möhren
200 g Brokkoli
2 Tomaten
100 g Erbsen
1/2 Bund Koriander

Die Zwiebel, den Knoblauch und den Ingwer schälen und alles sehr fein hacken. Die Chilischote putzen, waschen, entkernen und zerkleinern. Knoblauch, Ingwer, Chili und Salz in einer Schüssel mit dem Mörser zerstoßen.

Das Öl in einem Topf erhitzen und die Zwiebeln mit der Würzpaste darin kurz unter Rühren anbraten. Die Brühe angießen und allmählich zum Kochen bringen.

Das Gemüse waschen. Die Möhren abschaben und würfeln. Den Brokkoli in Röschen teilen. Die Tomaten heiß abbrühen und häuten. Die Kerne und Stielansätze entfernen und das Fruchtfleisch achteln. Den Koriander waschen, trocken schütteln und hacken.

Das Gemüse nacheinander in die Brühe geben: zuerst die Möhren, dann nach 4 Minuten die Erbsen, nach 6 Minuten die Tomaten hinzufügen. Nach etwa 8 Minuten Kochzeit die Suppe vom Herd nehmen und mit Salz und Pfeffer abschmecken. Mit Koriander bestreut servieren.

Zubereitungszeit: 30 Minuten (plus Garzeit)
Pro Portion ca. 122 kcal/512 kJ | 5 g E, 5 g F, 11 g KH

# Kohlsuppe mit Garnelenklößchen

**Für 4 Portionen**
20 g Glasnudeln
150 g geschälte rohe Garnelen
100 g rote Zwiebeln
2 El Austernsauce
Salz
Pfeffer
2 Knoblauchzehen
500 g Chinakohl oder Weißkohl
2 El Öl
1 l Gemüsebrühe

Die Glasnudeln in warmem Wasser etwa 30 Minuten einweichen. Die Garnelen halbieren, den Darm entfernen, die Garnelen waschen und fein hacken.

Die Glasnudeln in kochendem Wasser etwa 3 Minuten garen, abgießen, kalt abspülen, abtropfen und abkühlen lassen. Dann klein schneiden. Die roten Zwiebeln schälen und fein würfeln. Die Nudeln mit den gehackten Garnelen, der Hälfte der Zwiebeln und 1 El Austernsauce verrühren. Mit Salz und Pfeffer abschmecken.

Den Knoblauch schälen und hacken. Den Kohl putzen, waschen, harten Strunk entfernen und die Kohlblätter in Streifen schneiden. Das Öl in einem Topf erhitzen und die Kohlstreifen darin mit den restlichen Zwiebeln und Knoblauch anschwitzen. Die Brühe angießen, aufkochen und die Suppe etwa 5 Minuten köcheln.

Von der Garnelenmasse mit einem Löffel kleine Bällchen abstechen und in die kochende Suppe geben. Etwa 5 Minuten ziehen lassen. Mit Austernsauce abschmecken und auf Schalen verteilen.

Zubereitungszeit: 30 Minuten (plus Schmor- und Garzeit)
Pro Portion ca. 119 kcal/499 kJ | 10 g E, 5 g F, 5 g KH

# Reisblumensuppe mit Hühnerfleisch

**Für 4 Portionen**
1,5 l Wasser
100 g Duftreis
50 g Klebreis
200 g Hühnerbrust
4 Frühlingszwiebeln
50 g frische Ingwerwurzel
100 g Tofu
1/2 Bund Schnittlauch
1 El Öl
4 El Nuoc Mam (vietnam. Fischsauce)

Das Wasser mit den beiden Reissorten in einen Topf geben, aufkochen und bei geringer Temperatur quellen lassen, bis sich alle Reiskörner „wie Blumen" geöffnet haben.

Das Hühnerfleisch mit einem scharfen Messer sehr fein hacken. Die Frühlingszwiebeln putzen und waschen. Den grünen Teil in Ringe, den weißen Teil sehr fein schneiden. Den Ingwer schälen und in hauchdünne Scheiben schneiden. Den Schnittlauch waschen, trocken schütteln und hacken.

Den Tofu in Würfel schneiden und im heißen Öl in einer Pfanne einige Minuten knusprig braten.

Das Hühnerfleisch mit den Gewürzen auf Suppenschalen verteilen, die Reissuppe darübergießen und mit Nuoc Mam würzen. Den Tofu in die Suppe geben und mit Schnittlauch bestreuen.

Zubereitungszeit: 20 Minuten (plus Gar- und Bratzeit)
Pro Portion ca. 260 kcal/1092 kJ | 18 g E, 5 g F, 33 g KH

# Gefüllte Pilze

**Für 4 Portionen**
100 g Jakobsmuschelfleisch ohne Corail (frisch oder TK)
2 Stängel Zitronengras
2 rote Zwiebeln
150 g Schweinehack
1 Ei
Salz
Pfeffer
1 El Reiswein
20 große Shiitake-Pilze
3–4 Pak-Soi-Blätter
2 Frühlingszwiebeln

Das Muschelfleisch waschen bzw. auftauen lassen und hacken. Das Zitronengras schälen und fein hacken. Die Zwiebeln schälen und ebenfalls hacken. Muschelfleisch, Zitronengras, Zwiebeln und Hackfleisch mit dem Ei zu einer Masse verarbeiten. Mit Salz, Pfeffer und Reiswein würzen.

Die Pilze putzen, waschen und von den Stielen befreien. Den Pak Soi putzen, waschen und harte Strünke herausschneiden. Mit den Blättern einen Dämpfkorb auslegen.

Die Pilze mit der Muschel-Hack-Masse füllen und in den Dämpfkorb setzen. Pilze etwa 8 bis 10 Minuten dämpfen.

Die Frühlingszwiebeln putzen und in dünne Ringe schneiden. Die gedämpften Pilze damit bestreuen. Mit einer süß-sauren oder süß-scharfen Sauce anrichten.

## Info

Das intensiv nach Zitrusfrüchten duftende Zitronengras, Citronella, ist in der asiatischen Küche ein sehr beliebtes Gewürz für Suppen, Marinaden und Saucen. Die dicken festen Stängel müssen vor dem Zubereiten von den äußeren harten Blättern befreit werden. Das Innere, oft auch nur der weiße Teil, wird fein gehackt oder mit einem Messerrücken zerdrückt. So wird der intensive Geschmack freigesetzt.

Zubereitungszeit: 20 Minuten (plus Auftau- und Dämpfzeit)
Pro Portion ca. 183 kcal/768 kJ | 13 g E, 9 g F, 12 g KH

# Thunfischröllchen

**Für 4 Portionen**

| | |
|---|---|
| 300 g Thunfischfilet | Für den Dip: |
| 1 Limette | 4 Knoblauchzehen |
| 2 rote Zwiebeln | 1 rote Chilischote |
| 1/2 Bund Koriander | 1 El Zucker |
| 1 El Nuoc Mam (vietnam. Fischsauce) | 80 ml Nuoc Mam |
| Pfeffer | 120 ml Reisessig |
| 10 Pak-Soi-Blätter | |
| 2 El Öl | |

Das Fischfilet in kleine Würfel schneiden. Die Limette schälen, weiße Häutchen entfernen, die Fruchtfilets herauslösen und hacken. Den Saft auffangen. Die Zwiebeln schälen und fein hacken. Den Koriander waschen, trocken schütteln und die Hälfte hacken. Den Thunfisch mit Limetten, Zwiebeln und gehacktem Koriander sowie Nuoc Mam vermischen und mit Pfeffer würzen.

Die Pak-Soi-Blätter waschen, den harten Strunk herausschneiden und die Blätter halbieren. In kochendem Wasser kurz blanchieren, abgießen und abtropfen lassen. Je halbes Blatt 1 Tl Thunfischmasse daraufsetzen und fest zusammenrollen.

Das Öl in einer Pfanne oder dem Wok erhitzen und die Thunfischröllchen darin von jeder Seite nur wenige Sekunden braten.

Für den Dip den Knoblauch schälen, die Chilischote putzen, waschen und entkernen. Knoblauch und Chili hacken und mit dem Zucker im Mörser zu einer Paste zerstoßen. Mit Nuoc Mam und Reisessig mischen.

Die Thunfischröllchen mit dem restlichen Koriander und dem Dip servieren.

Zubereitungszeit: 30 Minuten (plus Blanchier- und Bratzeit)
Pro Portion ca. 232 kcal/974 kJ | 17 g E, 14 g F, 5 g KH

# Knusprige Fischbällchen

**Für 4 Portionen**
200 g Süßkartoffeln
250 g Weißfischfleisch ohne Gräten
125 ml Milch
2 Tomaten
2 El frisch gehackter Dill
Salz, Pfeffer
2 Eier
2 El Nuoc Mam (vietnam. Fischsauce)
100 g Mehl
500 ml Öl zum Frittieren
grüne Salatblätter

Die Süßkartoffeln in kochendem Wasser etwa 25 Minuten garen. Dann abgießen, abkühlen lassen, schälen und zerstampfen.

Das Fischfleisch in einem Topf mit der Milch übergießen, erhitzen und etwa 10 Minuten garen. Dann abgießen und mit einer Gabel zerpflücken.

Die Tomaten heiß überbrühen, Stielansätze und Häute entfernen und das Fruchtfleisch hacken.

Kartoffeln, Fisch, Tomaten und Dill in einer Schüssel mischen und gut abschmecken. Die Eier mit Nuoc Mam verrühren und etwas davon unter die Fischmasse rühren, die aber nicht zu flüssig werden darf. Die Fischmasse zu kleinen Bällchen formen, zuerst im Mehl, dann in der Eimischung wenden.

Das Öl in einem Topf oder dem Wok erhitzen und die Fischbällchen darin goldbraun ausbacken. Auf Küchenpapier abtropfen lassen. Die Fischbällchen auf Salatblättern servieren.

Zubereitungszeit: 45 Minuten (plus Gar- und Frittierzeit)
Pro Portion ca. 482 kcal/2024 kJ | 19 g E, 30 g F, 32 g KH

# Vietnamesisches Omelett

**Für 4 Portionen**
4 El getrocknete Garnelen oder 15 frische Garnelen
6 Eier
2 El Nuoc Mam (vietnam. Fischsauce)
2 El Öl
1 El frisch gehackte Minze
1 El frisch gehackter Koriander

Die getrockneten Garnelen in warmem Wasser 10 Minuten einweichen, dann abtropfen lassen. Die frischen Garnelen schälen und den Darm entfernen. Garnelen halbieren. Die Eier mit der Fischsauce in einer Schüssel gut verrühren. Das Öl in einer flachen Pfanne erhitzen.

Die Eimasse in die Pfanne gießen. Nach etwa 2 Minuten die Garnelen und Minze unterheben und die Eimasse stocken lassen.

Das Omelett unter den heißen Grill stellen und etwa 5 Minuten überbacken. Mit Koriander bestreuen und vor dem Servieren das Omelett zusammenfalten.

## Info
Getrocknete Garnelen werden in vielen Gerichten als Geschmacksverstärker eingesetzt. Beim Trocknungsprozess intensivieren sich Geschmack und Inhaltsstoffe der leckeren Meeresfrüchte.

Die kleinen Knuspereien kann man in Asialäden abgepackt bekommen, aber auch selbst herstellen. Dazu 100 g kleine, gekochte Garnelen in 6 El neutralem Öl langsam knusprig braten und sofort verwenden oder auf Küchenpapier abtropfen und abkühlen lassen. Gekühlt halten sie sich einige Zeit.

Zubereitungszeit: 20 Minuten (plus Zeit zum Braten und Überbacken)
Pro Portion ca. 290 kcal/1218 kJ | 32 g E, 17 g F, 2 g KH

# Glücksrollen

**Für ca. 10 Stück**

100 g Reisfadennudeln
200 g Schinkenspeck
200 g gekochte Garnelen
100 g Möhren
100 g Sojasprossen
1 Kopfsalat
1/2 Bund Koriander
1/2 Bund Minze
10–12 dünne Reispapierblätter

**Für die Erdnusssauce:**

1 Knoblauchzehe
1 rote Chilischote
1 Tl Zucker
100 g gehackte Erdnüsse
1 El Öl
250 ml Gemüsebrühe
5 El Kokosmilch
1 El Sojasauce
1 El Nuoc Mam (vietnam. Fischsauce)

Die Reisnudeln etwa 30 Minuten in Wasser einweichen, dann in kochendem Wasser etwa 2 Minuten garen, abgießen und abkühlen lassen. Den Schinkenspeck in Streifen schneiden und in einer beschichteten Pfanne etwa 3 Minuten knusprig braten. Abkühlen lassen.

Die Garnelen halbieren. Die Möhren putzen und reiben. Die Sprossen waschen und abtropfen lassen. Den Salat und die Kräuter waschen, trocken schleudern, die Kräuter grob hacken. Die Reispapierblätter kurz in kaltes Wasser halten, dann zwischen feuchten Küchentüchern gut einweichen lassen. Für die Erdnusssauce den Knoblauch schälen, die Chili putzen, waschen und entkernen. Knoblauch und Chili mit Zucker im Mörser zerstoßen.

Die Erdnüsse bis auf 1 El fein mahlen und im heißen Öl etwa 3 Minuten unter Rühren rösten. Die zerstoßene Würzmischung unterrühren und alles weitere 3 Minuten rösten. Restliche Zutaten angießen, aufkochen und bei geringer Temperatur etwa 10 Minuten köcheln. Die Sauce mit den gehackten Erdnüssen bestreuen.

Die Reispapierblätter ausbreiten (gerissene Blätter entfernen) und mit der Füllung (außer Salat und Kräutern) belegen. Die Seiten nach innen schlagen und die Blätter zusammenrollen. Die Ränder gut einschlagen. Die Glücksrollen unfrittiert auf die Salatblätter legen und mit Kräutern umgeben. Die Salatblätter zusammenrollen und zum Essen in die Erdnusssauce dippen.

Zubereitungszeit: 30 Minuten (plus Einweich- und Garzeit)
Pro Stück ca. 175 kcal/735 kJ | 12 g E, 9 g F, 10 g KH

# Saté mit Rind und Gemüse

**Für 4 Portionen**

1 Knoblauchzehe
1 rote Chilischote
1 El fein gehackte Basilikumblätter
1 El Sesamöl
1 El Limettensaft
1 El Nuoc Mam (vietnam. Fischsauce)
225 g Rindersteak
1 rote Paprikaschote

Für den Dip:
1 Knoblauchzehe
3 El Nuoc Mam
1 El Zitronensaft
1 El gehackte Erdnüsse
1 El frisch gehackte Minze

Die Knoblauchzehe schälen, die Chilischote putzen, waschen, entkernen, beides fein hacken. Diese Zutaten mit den Basilikumblättern, dem Öl, Limettensaft und Nuoc Mam verrühren. Das Steakfleisch in kleine Würfel schneiden und in der Mischung einige Stunden marinieren.

Die Paprikaschote putzen, waschen, entkernen und in mundgerechte Stücke schneiden. Für den Dip den Knoblauch schälen, fein hacken und mit den übrigen Zutaten mischen.

Das marinierte Fleisch abtupfen und abwechselnd mit Paprikastücken auf Holzspieße stecken.

Die Spieße unter dem heißen Grill oder auf dem Kohlegrill unter mehrmaligem Wenden garen. Währenddessen immer wieder mit der Marinade bestreichen. Saté mit dem Dip servieren.

Zubereitungszeit: 20 Minuten (plus Marinier- und Grillzeit)
Pro Portion ca. 134 kcal/562 kJ | 13 g E, 7 g F, 2 g KH

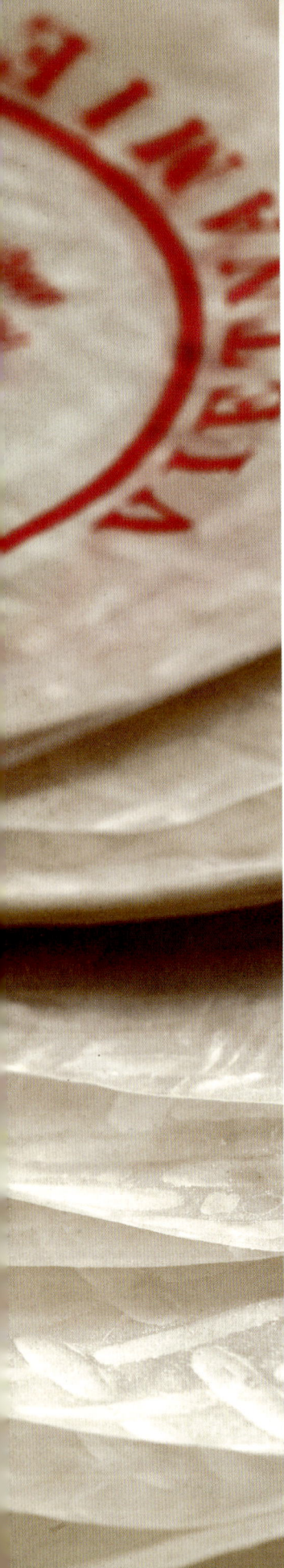

# Frühlingsrollen aus Hanoi

**Für 4 Portionen**
100 g Glasnudeln
2 El getrocknete Mu-Err-Pilze
1 El getrocknete Garnelen
2 Knoblauchzehen
1 Möhre
1 Zwiebel
200 g Schweinehack
1 Ei
Pfeffer
1 El Nuoc Mam (vietnam. Fischsauce)
20 Reispapierblätter
500 ml Öl zum Frittieren

Die Glasnudeln, Pilze und Garnelen getrennt in warmem Wasser etwa 20 Minuten einweichen. Dann herausnehmen und abtropfen lassen. Die Nudeln mit einer Schere in 2 cm lange Stücke schneiden. Die Stiele der Pilze abschneiden und die Pilze mit den Garnelen fein hacken.

Den Knoblauch schälen und hacken. Die Möhren putzen und reiben. Alle Zutaten mit dem Hackfleisch und dem Ei vermischen und zu einem Teig verarbeiten. Mit Pfeffer und Nuoc Mam würzen.

Die Reisblätter einweichen und ausbreiten. Auf jedes Blatt etwa 1 El Füllung geben und fest zu Rollen von etwa 2 cm Dicke und 5 cm Länge zusammenrollen.

Das Öl im Wok erhitzen und die Frühlingsrollen darin knusprig frittieren. Mit einem süßsauren Dip servieren.

Zubereitungszeit: 20 Minuten (plus Einweich- und Frittierzeit)
Pro Portion ca. 432 kcal/1814 kJ | 14 g E, 37 g F, 11 g KH

# Gemüse und Salate

# Scharfer Salat mit Tofu

**Für 4 Portionen**
400 g Tofu
1 El Nuoc Mam (vietnam. Fischsauce)
2 El Sojasauce
1 El trockener Sherry
2 rote Chilischoten
1 El Zucker
Salz
2 El Limettensaft
1 Knoblauchzehe
1 rote Zwiebel
200 g Zucchini
200 g Möhren
1 Bund Thai-Basilikum
3 El Öl

Den Tofu in Scheiben und jede Scheibe in mundgerechte Würfel schneiden. Aus Nuoc Mam, Sojasauce und Sherry eine Marinade rühren und die Tofustücke darin einlegen.

Die Chilis putzen, entkernen und hacken. Mit dem Zucker und Salz im Mörser fein zerkleinern und mit dem Limettensaft mischen. Den Knoblauch schälen und hacken. Die Zwiebel schälen und in Ringe schneiden. Die Zucchini und die Möhren waschen, putzen und in dünne Stifte schneiden.

Das Basilikum waschen, trocken schütteln und die Blättchen von den Stielen zupfen.

Den Tofu aus der Marinade nehmen. Das Öl in einem Wok erhitzen. Den Knoblauch darin anschwitzen. Die Tofustücke darin von allen Seiten unter Rühren knusprig braten. Dann aus dem Wok nehmen.

Alle Zutaten in einer Schüssel miteinander mischen. Mit frischem vietnamesischem Baguette servieren.

Zubereitungszeit: 20 Minuten (plus Marinier- und Bratzeit)
Pro Portion ca. 219 kcal/919 kJ | 17 g E, 13 g F, 7 g KH

# Gebratenes Gemüse

**Für 4 Portionen**
50 g getrocknete Mu-Err-Pilze
300 g Chinakohl
200 g Pak Soi
100 g Staudensellerie
100 g Zuckerschoten
100 g Sojasprossen
2 El Pflanzenöl
Fünf-Gewürz-Pulver
1 El Nuoc Mam (vietnam. Fischsauce)
1 Tl Sesamöl

Die Pilze etwa 30 Minuten in warmem Wasser einweichen, dann abtropfen lassen.

Die beiden Kohlsorten putzen, waschen, harte Strünke entfernen. Die Kohlblätter in 2 cm breite Streifen schneiden. Den Staudensellerie putzen, waschen und in dünne Ringe schneiden. Die Zuckerschoten und Sprossen gut waschen und in einem Sieb abtropfen lassen.

Das Öl in einem Wok erhitzen. Das Kohlgemüse und den Sellerie darin unter Rühren etwa 3 Minuten andünsten. Abgetropfte Pilze, Zuckerschoten und Sprossen unterheben und alles weitere 2 Minuten dünsten.

Mit Fünf-Gewürz-Pulver und Nuoc Mam würzen. Das Gemüse auf Teller verteilen und mit dem Sesamöl beträufeln.

### Info
Fünf-Gewürz-Pulver ist eine Mischung von fünf verschiedenen Gewürzen. In der Regel sind es Szechuan-Pfeffer, Zimt, Gewürznelken, Fenchelsamen und Sternanis. Man kann es fertig kaufen. Doch jeder Koch in Vietnam, der etwas auf sich hält, mischt sein eigenes Fünf-Gewürz-Pulver mit seiner ganz speziellen Note. Die Gewürze werden in der Pfanne geröstet und dann fein zerstoßen.

Zubereitungszeit: 20 Minuten (plus Einweich- und Schmorzeit)
Pro Portion ca. 108 kcal/453 kJ | 8 g E, 4 g F, 6 g KH

# Sauerkohl mit Eiern

**Für 4 Portionen**
300 g Sour mustard (sauer eingelegter Senfkohl)
8 Eier
1/2 rote Chilischote
1/2 Bund Frühlingszwiebeln
Salz
Pfeffer
2 El Pflanzenöl
1/2 Bund Minze
1/2 Bund Koriander
1/2 Bund Petersilie

Den Kohl waschen, in ein Sieb geben und gut abtropfen lassen. Anschließend in dünne Streifen schneiden. Die Eier in einer Schüssel verquirlen.

Die Chili und die Frühlingszwiebeln putzen und waschen, Chili entkernen. Beides in dünne Ringe schneiden und mit den Eiern mischen. Mit Salz und Pfeffer würzen.

Das Öl im Wok oder einer tiefen Pfanne erhitzen. Nun ein Viertel des Kohls und der Eimasse in Wok oder Pfanne geben und im heißen Öl goldbraun braten. Die gebratene Masse herausnehmen und warm stellen. Den Vorgang mit den restlichen Kohlstreifen und der Eimasse noch drei Mal wiederholen.

Die Kräuter waschen, trocken schütteln und fein hacken. Sauerkohl mit Eiern und einem Kräuterteller reichen. Dazu Baguette servieren.

## Info
Saurer Kohl oder Sour mustard wird aus chinesischem Senfkohl (Pak Soi), Wasser, Salz und Gewürzen zubereitet und abgepackt verkauft. In Vietnam ist Sour mustard ein Alltagsgericht. Gebratene Eier mit Sauerkohl können auch als Einlage für eine klare Suppe verwendet werden.

Zubereitungszeit: 20 Minuten (plus Bratzeit)
Pro Portion ca. 225 kcal/945 kJ | 16 g E, 16 g F, 3 g KH

# Rindfleisch-Eierkuchen-Salat

**Für 4 Portionen**
ca. 250 g weiße Algen, ersatzweise Wakame (getrocknete Braunalge)
2 Eier
2 El Reiswein
Salz
Pfeffer
3 El Pflanzenöl
250 g Rinderfilet
5 cm frische Ingwerwurzel
1 rote Chilischote
3 El Nuoc Mam (vietnam. Fischsauce)
1 Tl Zucker
3 El Limettensaft
2 El gehackte Erdnüsse
2 El schwarze Sesamsamen
1/2 Bund frisch gehackter Koriander
1/2 Bund frisch gehackte Minze

Die Algen etwa 30 Minuten in kaltem Wasser einweichen. Die Eier mit dem Reiswein verquirlen und mit Salz und Pfeffer würzen. 1 El Öl in einer Pfanne erhitzen und aus der Eimasse 2 dünne Crêpes backen. Auskühlen lassen, dann zusammenrollen und in Streifen schneiden.

Restliches Öl im Wok erhitzen. Das Rinderfilet in dünne Streifen schneiden und im heißen Öl 3 Minuten braten, abkühlen lassen. Den Ingwer schälen und in dünne Scheiben schneiden. In 1 l kochendem Wasser mit den abgetropften Algen etwa 30 Sekunden blanchieren. Abgießen und abschrecken. Den Ingwer entfernen. Die Chili putzen, waschen, entkernen und hacken.

Crêpesstreifen, Fleisch und Algen in eine Schüssel geben. Chili, Nuoc Mam, Limettensaft und Zucker mischen und über den Salat gießen. Erdnüsse mit Sesam in einer fettfreien Pfanne rösten. Mit den Kräutern über den Salat geben.

Zubereitungszeit: 30 Minuten (plus Einweich-, Brat- und Blanchierzeit)
Pro Portion ca. 219 kcal/919 kJ | 23 g E, 11 g F, 4 g KH

# Auberginen vom Grill

**Für 4 Portionen**
6 kleine, runde asiatische Auberginen
3 rote Schalotten
6 El Butterschmalz
3 El Nuoc Mam (vietnam. Fischsauce)
1 El Reiswein
Pfeffer
1/2 Bund chinesischer Schnittlauch

Die Auberginen waschen, trocken tupfen und mehrmals mit einer Gabel einstechen. Im Backofen unter den heißen Grill legen und rösten, bis die Haut beginnt braun zu werden. Alternativ auf einem Holzkohlegrill rösten.

Die Schalotten schälen, vierteln und in Scheiben schneiden. Das Schmalz in einer Pfanne erhitzen und die Schalotten darin glasig dünsten. Mit Nuoc Mam und Reiswein ablöschen und mit Pfeffer würzen.

Die Auberginen aufschneiden und auf Teller verteilen. Die Zwiebelsauce darübergießen. Schnittlauch waschen, trocknen, in Röllchen schneiden und darüberstreuen.

Als Beilage zu Fleisch oder mit Reis als vegetarisches Gericht servieren.

Zubereitungszeit: 15 Minuten (plus Röst- und Dünstzeit)
Pro Portion ca. 61 kcal/256 kJ | 1 g E, 5 g F, 2 g KH

# Salat mit Hühnerbrust

**Für 4 Portionen**
250 g Hühnerbrust
2 El Öl
2 Stängel Zitronengras
4 Frühlingszwiebeln
2 Knoblauchzehen
200 g Tomaten
1 rote Chilischote
1 Tl Zucker
Pfeffer
3 El Nuoc Mam (vietnam. Fischsauce)
5 El Limettensaft
1/2 Bund Koriander
2 Minzezweige

Die Hühnerbrust in schmale Streifen schneiden und im heißen Öl unter Rühren etwa 5 Minuten braten. Dann herausnehmen, auf Küchenpapier abtropfen und abkühlen lassen.

Das Zitronengras schälen und in dünne Ringe schneiden oder hacken und zusätzlich mit einem Messerrücken flach drücken. Die Frühlingszwiebeln putzen, waschen und grob hacken. Die Knoblauchzehen schälen und fein hacken. Die Tomaten waschen, von den Stielansätzen befreien und in Achtel schneiden.

Die Chilischote putzen, waschen, entkernen und ebenfalls hacken. Mit dem Zucker und etwas Pfeffer im Mörser fein mahlen. Alle Zutaten mit den erkalteten Hähnchenstreifen in eine Schüssel geben. Nuoc Mam und Limettensaft mischen und über die Zutaten geben.

Koriander und Minze waschen, trocken schütteln. Den Koriander hacken und unter den Salat mischen. Mit Minzeblättchen verzieren.

Zubereitungszeit: 30 Minuten (plus Brat- und Abkühlzeit)
Pro Portion ca. 120 kcal/504 kJ | 15 g E, 3 g F, 5 g KH

# Salat mit Pomelo und Garnelen

**Für 4 Portionen**

250 g Garnelen
2 Schalotten
1/2 grüne Chilischote
1 El Nuoc Mam (vietnam. Fischsauce)
1 El Sojasauce
1 Tl Zucker
2 El Öl
1 Pomelo (vietnam. Pampelmuse)
2 Möhren
1/2 Gurke
1/2 Bund Thai-Basilikum
3 El geröstete gehackte Erdnüsse

Für den Dip:
1 Knoblauchzehe
Zucker
2 El Nuoc Mam
3 El Reisessig

Die Garnelen waschen, schälen und den Darm entfernen. Die Schalotten schälen und hacken. Die Chili putzen und fein hacken. Schalotten und Chili mit Nuoc Mam, Soja-sauce, Zucker und Öl mischen und die Garnelen darin etwa 30 Minuten einlegen.

Die Pomelo schälen, in Spalten teilen und diese filetieren. Das Fruchtfleisch klein schneiden oder zupfen. Das Gemüse schälen und reiben. Das Basilikum waschen, trocken schütteln und hacken. Die Salatzutaten mischen.

Die Garnelen aus der Marinade nehmen, auf Holzspieße stecken und 7 Minuten grillen. Währenddessen mit der Marinade bestreichen.

Für den Dip den Knoblauch schälen, hacken und mit Zucker zu einer Paste verarbeiten. Mit den restlichen Zutaten und 1 El Wasser anrühren und über den Salat geben. Die noch warmen Garnelen auf dem Salat servieren.

Zubereitungszeit: 30 Minuten (plus Marinier- und Grillzeit)
Pro Portion ca. 197 kcal/827 kJ | 16 g E, 7 g F, 14 g KH

# Papaya-Salat

**Für 4 Portionen**
250 g Entenbrust
Salz
6 El Nuoc Mam (vietnam. Fischsauce)
3 El Zucker
1 Tl rote Chilipaste
Salz
450 g grüne Papaya
1 Kohlrabi
2 rote Chilischoten
3 El gehackte Erdnüsse
3 El Reisessig
1/2 Bund Koriander
1/2 Bund Schnittlauch
4 El Öl

Die Entenbrust in einem Topf mit kochendem Salzwasser etwa 40 Minuten garen. Herausnehmen und abkühlen lassen.

Dann das Entenfleisch in einer Marinade aus 2 El Nuoc Mam, 1 El Zucker und Chilipaste etwa 30 Minuten marinieren.

Die Papaya und den Kohlrabi schälen und fein reiben. Die Chilis putzen, waschen, entkernen und in dünne Ringe schneiden. Die Erdnüsse in einer fettfreien Pfanne rösten. Das Gemüse mit Reisessig, 4 El Nuoc Mam, 2 El Zucker und Chilis mischen und durchziehen lassen.

Die Kräuter waschen, trocken schütteln und hacken. Die Entenbrust aus der Marinade nehmen, abtupfen und auf der Hautseite im heißen Öl etwa 8 Minuten knusprig braten. Dann in Streifen schneiden und unter den Salat heben. Mit den Kräutern bestreut servieren.

Zubereitungszeit: 30 Minuten (plus Koch-, Marinier- und Bratzeit)
Pro Portion ca. 297 kcal/1247 kJ | 14 g E, 23 g F, 7 g KH

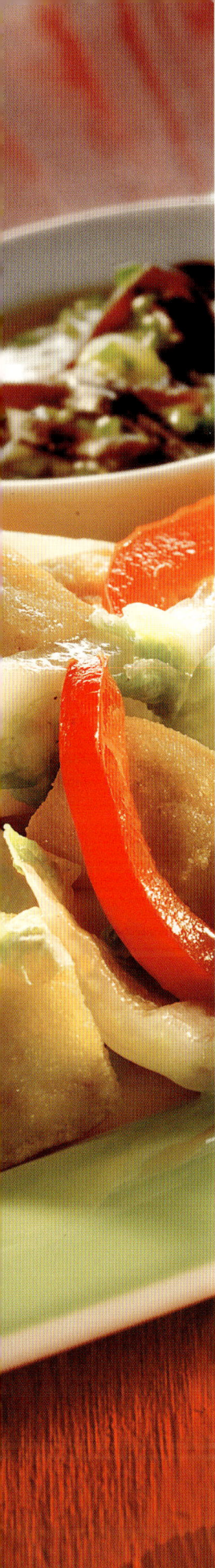

# Chinakohl mit Tofu

**Für 4 Portionen**
4 getrocknete Wolkenohrpilze
2 Frühlingszwiebeln
1 Knoblauchzehe
4 El Pflanzenöl
2 El Nuoc Mam (vietnam. Fischsauce)
1 El Sojasauce
1 Tl Kartoffelstärke
2 cm frische Ingwerwurzel
1/2 Chinakohl
1 rote Paprikaschote
Salz
Pfeffer
250 g Tofu
500 ml Öl zum Frittieren

Die Pilze 30 Minuten in warmem Wasser einweichen. Dann ausdrücken (Pilzwasser aufbewahren) und in Streifen schneiden. Die Frühlingszwiebeln putzen und waschen, den Knoblauch schälen, beides hacken.

2 El Öl in einer Pfanne erhitzen und Knoblauch mit Zwiebeln darin andünsten. Die Pilze hinzufügen und unter Rühren etwa 1 Minuten mitdünsten. Kartoffelmehl mit 5 El Pilz-einweichwasser, Nuoc Mam und Sojasauce verrühren und in die Pfanne geben. Die Sauce andicken lassen und vom Herd nehmen.

Den Ingwer schälen und in Scheiben schneiden. Den Chinakohl putzen, waschen und in 2 cm breite Streifen schneiden. Die Paprika putzen, waschen, entkernen und in Streifen schneiden. Den Tofu in Scheiben und diese in Würfel schneiden.

Restliches Öl im Wok erhitzen und den Ingwer darin anschwitzen. Kohl und Paprika zugeben und 1 Minute mitschwitzen. Würzen und aus dem Wok nehmen. Frittieröl im Wok erhitzen und die Tofuwürfel darin knusprig braten.

Gemüse mit Tofu auf Teller verteilen und die erwärmte Sauce dazureichen.

Zubereitungszeit: 30 Minuten (plus Einweich-, Schmor- und Frittierzeit)
Pro Portion ca. 455 kcal/1911 kJ | 116 g E, 141 g F, 15 g KH

# Fleisch und Geflügel

# Gebratenes Rindfleisch mit Brokkoli

**Für 4 Portionen**
450 g Rinderfilet
3 Frühlingszwiebeln
2 Knoblauchzehen
100 g Bambussprossen aus der Dose
200 g Brokkoli
4 El Öl
2 El Nuoc Mam (vietnam. Fischsauce)
150 ml Rinderbrühe
2 El Zucker
1/2 Bund Koriander

Das Fleisch gut waschen und in Streifen schneiden. Die Frühlingszwiebeln putzen, waschen und in Ringe schneiden. Die Knoblauchzehen schälen und in dünne Stifte schneiden. Die Bambussprossen abtropfen lassen, den Brokkoli waschen und in Röschen teilen.

Das Öl in einem Wok erhitzen und die Rindfleischstreifen darin unter Wenden 3 Minuten braten. Das Fleisch aus dem Wok nehmen und warm stellen.

Zwiebeln und Knoblauch in die Pfanne geben und glasig dünsten. Bambussprossen und Brokkoli hinzufügen und unter Rühren etwa 2 Minuten anschwitzen.

Nuoc Mam, Brühe und Zucker zum Gemüse geben und gut unterrühren. Aufkochen und 3 Minuten köcheln. Fleischstreifen zum Gemüse geben und kurz erwärmen. Koriander waschen, trocken schütteln und hacken. Über das Rindfleischgericht streuen und servieren.

Zubereitungszeit: 20 Minuten (plus Bratzeit)
Pro Portion ca. 250 kcal/1050 kJ | 28 g E, 10 g F, 8 g KH

# Würziges Rinderragout

**Für 4 Portionen**
800 g Rindfleisch
2 Stängel Zitronengras
2 rote Chilischoten
2 Tl Zucker
2 El frisch geriebener Ingwer
2 Tl gemahlener Zimt
2 Tl Currypulver
3 El Nuoc Mam (vietnam. Fischsauce)
1 Zwiebel
4 Knoblauchzehen
4 El Pflanzenöl
50 g Tomatenmark
3 Sternanis

Das Rindfleisch in mundgerechte Würfel schneiden. Das Zitronengras schälen und in Ringe schneiden. Diese mit dem Messer zerdrücken. Die Chilis putzen, waschen, entkernen und hacken. Die Fleischwürfel in einer Marinade aus Zitronengras, Chilis, den Gewürzen und Nuoc Mam einlegen und etwa 1 Stunde durchziehen lassen.

Die Zwiebel und den Knoblauch schälen und fein hacken.

Das Fleisch aus der Marinade nehmen und abtupfen. 3 El Öl in einer tiefen Pfanne oder dem Wok erhitzen und die Fleischwürfel darin unter Rühren etwa 3 Minuten braten. Herausnehmen und warm stellen.

Restliches Öl in den Wok geben und Zwiebeln mit Knoblauch darin glasig dünsten. Tomatenmark und Sternanis einrühren und kurz erhitzen.

Etwa 1 l Wasser angießen, das Fleisch hinzufügen und abgedeckt etwa 1 Stunde im Wok köcheln. Abschmecken und mit Reis servieren.

Zubereitungszeit: 30 Minuten (plus Marinier- und Garzeit)
Pro Portion ca. 392 kcal/1646 kJ | 40 g E, 22 g F, 7 g KH

# Schweinefleisch in Kokossauce

**Für 4 Portionen**
750 g Schweinefilet
2 Schalotten
2 Knoblauchzehen
1 rote Chilischote
1 Stängel Zitronengras
4 El Pflanzenöl
1 Prise Kurkuma
250 ml Fleischbrühe
4 El Kokosmilch aus der Dose
1/2 Bund Koriander
2 El gehackte Erdnüsse

Das Fleisch in dünne Streifen schneiden. Die Schalotten und den Knoblauch schälen und hacken. Die Chilischote putzen, waschen, entkernen und in dünne Ringe schneiden. Das Zitronengras schälen und in dünne Ringe schneiden, mit dem Messerrücken zerdrücken.

Das Öl in einer hohen Pfanne oder im Wok erhitzen und den Knoblauch darin braten, bis der duftet. Nun Fleischstreifen, Schalotten, Chili, Zitronengras, Kurkuma und Brühe hinzufügen und unter Rühren braten, die Sauce etwas einkochen lassen.

Die Kokosmilch über die Mischung gießen und unterrühren. Den Koriander waschen, trocken schütteln und hacken. Das Gericht mit gehackten Erdnüssen und Koriander bestreut servieren.

Zubereitungszeit: 30 Minuten (plus Schmor- und Bratzeit)
Pro Portion ca. 280 kcal/1176 kJ | 45 g E, 9 g F , 2 g KH

# Knusprige Hühnerbrust mit Zitronengras

**Für 4 Portionen**
500 g Hühnerbrust
2 Stängel Zitronengras
2 rote Chilischoten
6 Knoblauchzehen
3 El Nuoc Mam (vietnam. Fischsauce)
1 El Pfeilwurzelmehl
Salz
Pfeffer
4 El Öl
1/2 Bund Frühlingszwiebeln
100 g Austernpilze
1 Tl Zucker
50 g Cashewkerne
2 El frisch gehackter Koriander

Die Hühnerbrust waschen, trocken tupfen und in dünne Streifen schneiden. Das Zitronengras schälen und in sehr dünne Scheiben schneiden, dann hacken. Die Chilischoten putzen, waschen, entkernen und in dünne Ringe schneiden. Die Knoblauchzehen schälen und hacken.

Die Fleischstreifen in einer Mischung aus Zitronengras, Chilis, der Hälfte des Knoblauchs, 2 El Nuoc Mam, Pfeilwurzelmehl, Pfeffer und 3 El Öl etwa 30 Minuten einlegen.

Dann herausnehmen und abtropfen lassen. Die Frühlingszwiebeln putzen, waschen und hacken. Die Pilze putzen, waschen und in Streifen zupfen.

Restliches Öl im Wok erhitzen, Knoblauch darin anbraten, dann Fleischstreifen, Pilze, restliche Nuoc Mam und Zucker hinzufügen und alles 2 Minuten unter Rühren scharf braten, die Marinade nach und nach dazugeben.

Zuletzt die ohne Fett gerösteten Cashewkerne unterheben. Die Mischung auf Teller verteilen. Mit Frühlingszwiebeln und Koriander bestreut servieren.

Zubereitungszeit: 30 Minuten (plus Marinier- und Bratzeit)
Pro Portion ca. 260 kcal/1092 kJ | 32 g E, 11 g F, 6 g KH

# Gedämpftes Hack mit Aubergine

**Für 4 Portionen**

| | |
|---|---|
| 1 Aubergine (ca. 350 g) | 450 g Schweinehackfleisch |
| Salz | 1 Tl Zucker |
| Pfeffer | 2 El Nuoc Mam (vietnam. Fischsauce) |
| 1 El Pflanzenöl | 1 El Kartoffelstärke |
| 2 rote Zwiebeln | 1 El Reiswein |
| 1 Ei | 1/2 Bund Thai-Basilikum |

Die Aubergine putzen, waschen und trocken reiben. In Scheiben schneiden und dann in mundgerechte Stücke. Salz, Pfeffer und Öl mischen und die Auberginenstücke darin wenden.

Die Zwiebeln schälen und fein hacken. Mit Ei und Hackfleisch mischen, dann Zucker, Nuoc Mam, Kartoffelstärke und Reiswein unter die Hackmischung heben und daraus einen glatten Teig bereiten.

Die Auberginenwürfel auf den Boden einer feuerfesten Form verteilen und die Hackmasse daraufgeben. Im Dämpftopf etwa 40 Minuten dämpfen.

Das Basilikum waschen, trocken schütteln und die Blätter grob hacken. Das fertige Gericht mit Basilikum bestreut servieren.

## Info

Nuoc Mam ist das vietnamesische Pendant zu chinesischer Sojasauce oder europäischer flüssiger Speisewürze. Köche nennen sie auch das „Parfüm der Küche". Wer den intensiven Geruch kennt, dem entzieht sich erst einmal das Verständnis für diesen Begriff.

Als Bestandteil eines Gerichtes entfaltet die Sauce jedoch ihr eigentliches, köstliches Aroma. Nuoc Mam wird aus durch Salz fermentierten Fisch, meist Sardinen, hergestellt. Das fast zwölfmonatige Lagern in Holzfässern ergibt zusätzliches Aroma. Die entstandene Flüssigkeit wird dann in Flaschen abgefüllt.

Zubereitungszeit: 25 Minuten (plus Dämpfzeit)
Pro Portion ca. 355 kcal/1491 kJ | 23 g E, 27 g F, 5 g KH

# Schweinespieß mit Dip

**Für 6 Portionen**
1 kg mageres Schweinefleisch
2 Stängel Zitronengras
6 Knoblauchzehen
3 rote Chilischoten
1 Tl Zucker
2 Tl Fünf-Gewürz-Pulver
3 El Hoisinsauce
1 El Honig
1 El Reisessig

Das Schweinefleisch waschen, trocken tupfen und in Streifen schneiden. Das Zitronengras schälen, in Ringe schneiden und mit dem Messer zerdrücken. 4 Knoblauchzehen schälen und hacken. 2 Chilischoten putzen, waschen, entkernen und hacken.

Zitronengras, Knoblauch, Chilis und Zucker mit Fünf-Gewürz-Pulver und Hoisinsauce verrühren und die Fleischscheiben darin etwa 2 Stunden marinieren.

Anschließend die Fleischstreifen abtupfen und auf Bambus- oder Schaschlikspieße stecken. Unter dem heißen Grill oder über dem Holzkohlengrill garen, bis sie knusprig sind. Ab und zu mit der Marinade bestreichen.

Inzwischen restlichen Knoblauch schälen und hacken, die Chili putzen, waschen und in dünne Ringe schneiden. Beides mit Honig, Essig und 3 El heißem Wasser zu einem Dip verrühren. Die Spieße mit dem Dip servieren.

Zubereitungszeit: 20 Minuten (plus Marinier- und Grillzeit)
Pro Portion ca. 450 kcal/1890 kJ | 29 g E, 35 g F, 4 g KH

# Rindfleisch in Knoblauchsauce

**Für 4 Portionen**
250 g Pak Soi
500 g Rindfleisch
6 Knoblauchzehen
2 rote Chilischoten
1 Tl Zucker
3 El Pflanzenöl
Pfeffer
2 El Nuoc Mam (vietnam. Fischsauce)
2 El Austernsauce
2 Minzezweige

Den Pak Soi putzen, waschen, die harten Strünke herausschneiden. Die Blätter in kochendem Wasser etwa 2 Minuten blanchieren. Herausnehmen, abtropfen lassen und in Streifen schneiden. Warm stellen.

Das Rindfleisch in Streifen schneiden. Die Knoblauchzehen schälen und hacken. Die Chilis putzen, waschen, entkernen und hacken. Den Knoblauch mit Chilis und Zucker im Mörser fein zerreiben.

Das Öl im Wok erhitzen und die Würzpaste darin kurz anschwitzen. Das Fleisch hinzufügen und unter Rühren etwa 3 Minuten braten. Restliche Zutaten (außer Minze) einrühren und weiterbraten, bis das Fleisch gar ist. Die Minze waschen, trocken schütteln und die Blättchen abzupfen. Über das Gericht streuen und servieren.

Zubereitungszeit: 20 Minuten (plus Brat- und Garzeit)
Pro Portion ca. 245 kcal/1029 kJ | 25 g E, 14 g F, 2 g KH

# Huhn mit Karamellsauce

**Für 4 Portionen**
500 g Hühnerbrust
2 Knoblauchzehen
5 cm frische Ingwerwurzel
3 El Zucker
2 El Öl
4 El Nuoc Mam (vietnam. Fischsauce)
2 El brauner Zucker
80 ml Hühnerbrühe
2 Frühlingszwiebeln
Pfeffer

Das Hühnerfleisch waschen, trocken tupfen und in dünne Streifen schneiden. Den Knoblauch schälen und hacken. Die Ingwerwurzel schälen und reiben.

In einem Schmortopf den Zucker in 1 El Wasser unter Rühren schmelzen. Wenn er karamellisiert, Knoblauch, Ingwer und Öl zugeben und unterrühren. Mit 100 ml kochendem Wasser ablöschen. 2 El Nuoc Mam angießen und die Sauce etwas einkochen lassen.

Die Karamellsauce mit restlichem Nuoc Mam und braunem Zucker verrühren und die Hühnerfleischstreifen darin etwa 30 Minuten marinieren.

Anschließend das Fleisch in der Marinade aufkochen und die Sauce andicken lassen. Brühe angießen und alles etwa 8 Minuten köcheln.

Die Frühlingszwiebeln waschen, trocknen und in schräge Ringe schneiden. Das Gericht mit Pfeffer abschmecken und mit Frühlingszwiebeln bestreut servieren.

Zubereitungszeit: 20 Minuten (plus Koch-, Marinier- und Garzeit)
Pro Portion ca. 206 kcal/865 kJ | 31 g E, 4 g F, 9 g KH

# Huhn mit Ananas und Gemüse

**Für 4 Portionen**

| | |
|---|---|
| 2 El Kokosflocken | 350 g Hühnerfleisch |
| 80 g ungesalzene Cashewkerne | 4 El Öl |
| 1 große Zwiebel | 2 El Austernsauce |
| 4 Knoblauchzehen | 1 El Nuoc Mam (vietnam. Fischsauce) |
| 1 rote Chilischote | 1 Tl Zucker |
| 1/2 rote Paprikaschote | 300 g frische Ananas |
| 1/2 grüne Paprikaschote | 3 Frühlingszwiebeln |
| 100 g Sojasprossen | 2 El frisch gehackter Koriander |

Die Kokosflocken in einer fettfreien Pfanne hellbraun rösten und in einer Schüssel abkühlen lassen. Die Cashewkerne ebenfalls rösten.

Die Zwiebel und den Knoblauch schälen und hacken. Die Chili putzen, waschen, entkernen und hacken. Die Paprikaschote putzen, waschen und in dünne Streifen schneiden. Die Sojasprossen waschen und abtropfen lassen. Das Hühnerfleisch in Würfel oder Streifen schneiden.

Das Öl im Wok erhitzen. Zwiebeln, Knoblauch und Chili zugeben und 2 Minuten unter Rühren braten, dann herausnehmen.

Fleisch und Paprika in zwei Portionen in den Wok geben und braten, bis das Huhn leicht gebräunt ist. Die Gemüsemischung wieder in den Wok geben. Die Saucen und den Zucker einrühren und mitbräunen.

Die Sojasprossen unterheben. Die Ananas in Würfel schneiden und in der Wok-mischung erwärmen. Zuletzt die Cashewkerne unterheben.

Die Frühlingszwiebeln putzen, waschen und fein hacken. Das Gericht mit Kokos-flocken, Frühlingszwiebeln und Koriander bestreut servieren.

Zubereitungszeit: 30 Minuten (plus Röst- und Garzeit)
Pro Portion ca. 342 kcal/1436 kJ | 27 g E, 15 g F, 22 g KH

# Rindfleisch mit Spinat und Sesam

**Für 4 Portionen**
500 g Wasserspinat, ersatzweise Spinat
500 g Rinderfilet
3 Knoblauchzehen
2 kleine Zwiebeln
4 El Öl
2 El Nuoc Mam (vietnam. Fischsauce)
2 El Sojasauce
2 El Reiswein
1 Tl Stärke
2 El Sesamsamen

Den Wasserspinat putzen, waschen, die harten Stielenden entfernen, in Streifen schneiden. In kochendem Salzwasser etwa 2 Minuten blanchieren. Abgießen und abtropfen lassen.

Das Fleisch waschen, trocken tupfen und in dünne Streifen schneiden. Den Knoblauch und die Zwiebeln schälen und hacken.

Die Hälfte des Öls im Wok erhitzen und die Hälfte des Knoblauchs sowie die Zwiebeln darin andünsten. Den Spinat zugeben und unter Rühren gar dünsten. Aus dem Wok nehmen und warm stellen.

Restliches Öl erhitzen und Fleischstreifen mit restlichem Knoblauch darin unter Rühren braten. Saucen und Reiswein hinzufügen und 1 weitere Minute braten.

Die Stärke in etwas Wasser anrühren und die Wokmischung damit andicken. Dann den Spinat unterheben.

Inzwischen den Sesam in einer fettfreien Pfanne rösten. Das Gericht auf Teller verteilen und mit Sesam bestreut servieren.

Zubereitungszeit: 30 Minuten (plus Schmor- und Bratzeit)
Pro Portion ca. 252 kcal/1058 kJ | 30 g E, 11 g F, 4 g KH

# Gefüllte Ente

**Für 4 Portionen**
1 küchenfertige Ente, ca. 1,5 kg
150 g Klebreis
10 Reisstrohpilze
100 g Wasserkastanien
2 rote Zwiebeln
100 g Bambussprossen aus der Dose
150 g Schweinehackfleisch
2 El frisch gehackter Koriander
Salz
Pfeffer

Die Ente von außen und innen gut waschen und trocken tupfen. Den Klebreis 30 Minuten in warmem Wasser einweichen. Anschließend über einem Sieb abgießen und abtropfen lassen.

Die Pilze putzen, waschen und in Streifen schneiden. Die Wasserkastanien abtropfen lassen und hacken. Die Zwiebeln schälen und fein hacken.

Den Backofen auf 250 °C (Umluft 230 °C) vorheizen. Alle Zutaten miteinander mischen und würzen. Die Ente damit füllen und zunähen.

Die Ente mit der Brust nach oben auf dem Gitterrost über der mit etwas Wasser gefüllten Saftpfanne 25 Minuten braten. Ofentemperatur auf 150 °C (Umluft 130 °C) reduzieren und die Ente wenden. Weitere 40 Minuten braten, gelegentlich wenden und mit Bratensaft übergießen.

Nach dem Braten die Ente noch 10 Minuten ruhen lassen. Dann zerteilen und mit frischen Kräutern servieren.

Zubereitungszeit: 20 Minuten (plus Einweich- und Bratzeit)
Pro Portion ca. 602 kcal/2528 kJ | 38 g E, 33 g F, 36 g KH

# Hühnerbrust mit Chili

**Für 4 Portionen**
450 g Hühnerbrust
1 Knoblauchzehe
1 rote Chilischote
2 El Pflanzenöl
2 El Austernsauce
2 El Nuoc Mam (vietnam. Fischsauce)
1 Tl Zucker
1 El Reiswein
Pfeffer
1/2 Bund frische Minze

Das Fleisch waschen, trocken reiben und in Streifen schneiden. Den Knoblauch schälen und hacken, die Chilischote putzen, waschen, entkernen und in dünne Ringe schneiden.

Das Öl im Wok erhitzen und die Fleischstreifen darin unter Rühren scharf anbraten. Knoblauch, Chili, Saucen, Zucker und Reiswein einrühren und alles etwa 2 Minuten weiterbraten. Mit Pfeffer abschmecken.

Die Minze waschen, trocken schütteln und die Blätter in Streifen schneiden. Das Fleisch aus dem Wok auf Teller verteilen und mit Minzestreifen bestreuen.

## Info

Austernsauce ist eine der beliebtesten Würzsaucen im asiatischen Raum. Ursprünglich wurde sie aus getrockneten Austern hergestellt, heute besteht sie meist aus einer Mischung von Austernextrakt und Sojasauce. Austernsauce gibt es in unterschiedlicher Qualität. Die einfacheren Sorten schmecken recht salzig. Die Originalsauce enthält noch Stücke von fermentierten Austern. Sie wird vor allem zum Aromatisieren von kurz gebratenem Fleisch, Geflügel und Gemüse verwendet.

Zubereitungszeit: 20 Minuten (plus Bratzeit)
Pro Portion ca. 152 kcal/638 kJ | 26 g E, 3 g F, 3 g KH

# Fisch und Meeresfrüchte

# Riesengarnelen mit Spargel

**Für 4 Portionen**

800 g gemischter (weißer und grüner) Spargel
Salz
16 Riesengarnelen
4 El Pflanzenöl
1/2 Tl Fünf-Gewürz-Pulver
1 Tl Sesamöl

Für den Dip:
2 Limetten
2 rote Chilischoten
60 g brauner Zucker
4 El Nuoc Mam (vietnam. Fischsauce)

Die Enden vom Spargel abschneiden, den weißen Spargel ganz schälen, den grünen nur im unteren Drittel. Die Spargelstangen schräg in 3 cm große Stücke schneiden. In kochendem Salzwasser etwa 3 Minuten blanchieren. Abgießen und abtropfen lassen.

Die Garnelen waschen, aus den Schalen brechen und den Darm entfernen.

2 El Öl im Wok erhitzen und die Spargelstücke darin 3 Minuten braten. Mit Fünf-Gewürz-Pulver bestreuen und aus dem Wok nehmen. Die Garnelen salzen und im restlichen Öl rosa braten.

Die Limetten schälen, filetieren und den Saft auffangen. Die Chilis putzen, waschen, entkernen und hacken. Chilis mit Zucker und Limettenstücken im Mörser zerstoßen, Limettensaft und Nuoc Mam unterrühren.

Den Spargel mit Sesamöl aromatisieren, mit den Garnelen anrichten. Den Limettendip dazureichen.

Zubereitungszeit: 20 Minuten (plus Blanchier- und Bratzeit)
Pro Portion ca. 260 kcal/1092 kJ | 19 g E, 9 g F, 21 g KH

# Thunfisch in Currysauce

**Für 4 Portionen**
450 g Thunfischfilet
1 Aubergine
1/2 Chinakohl
1 Zucchini
1 rote Paprikaschote
1 Bund Koriander
400 ml Kokosmilch
100 ml Gemüsebrühe
4 El Reiswein
1 El Nuoc Mam (vietnam. Fischsauce)
1 El rote Currypaste
3 El Erdnussöl

Den Thunfisch waschen, trocken tupfen und in mundgerechte Stücke schneiden.

Die Aubergine putzen, waschen und würfeln. Den Chinakohl putzen, waschen, harten Strunk entfernen und die Kohlblätter in Streifen schneiden. Die Zucchini putzen, waschen und würfeln. Die Paprikaschote putzen, waschen, entkernen und in Streifen schneiden. Den Koriander waschen, trocken schütteln. Einige Blättchen abzupfen, den Rest hacken.

Kokosmilch, Brühe, Reiswein, Nuoc Mam, Currypaste und gehackten Koriander in einem Topf aufkochen und etwa 30 Minuten köcheln.

Das Öl im Wok erhitzen und die Fischstücke darin etwa 1 Minute braten. Herausnehmen und warm stellen. Das Gemüse in den Wok geben und unter Rühren etwa 3 Minuten dünsten.

Die Sauce durch ein Sieb streichen und mit dem Fisch zum Gemüse geben. Die Mischung etwa 3 Minuten schmoren. Auf Teller verteilen und mit den Korianderblättern garnieren.

Zubereitungszeit: 30 Minuten (plus Gar- und Bratzeit)
Pro Portion ca. 335 kcal/1407 kJ | 27 g E, 20 g F, 9 g KH

# Gegrillter Aal mit Kurkuma

**Für 4 Portionen**
500 g küchenfertiger Aal
50 g Kurkumawurzel
4 Knoblauchzehen
1 Tl gemahlener Kurkuma
1 Tl Fünf-Gewürz-Pulver
2 El Nuoc Mam (vietnam. Fischsauce)
2 El Sesamöl
1 El Pflanzenöl
1/2 Bund Frühlingszwiebeln
3 El grob gehackte Erdnüsse
Salz
4 Salatblätter

Den Aal waschen, trocken tupfen und in 5 cm breite Stücke schneiden.

Die Kurkumawurzel schälen und hacken, im Mörser mit etwas Wasser zu einer Paste zerstoßen und durch ein Sieb streichen. Gut ausdrücken, die Flüssigkeit aufbewahren, den Rest wegwerfen.

Den Knoblauch schälen und hacken, mit Kurkumawasser, gemahlenem Kurkuma, Fünf-Gewürz-Pulver, Nuoc Mam und Sesamöl mischen. Die Aalstücke in die Marinade legen und etwa 45 Minuten marinieren.

Die Frühlingszwiebeln putzen, waschen und in Ringe schneiden. Die Erdnüsse im Pflanzenöl rösten, Frühlingszwiebeln kurz dazugeben. Die Mischung leicht salzen.

Die Aalstücke aus der Marinade nehmen und auf dem Holzkohlengrill oder unter dem Backofengrill etwa 5 Minuten grillen, einmal wenden.

Die Salatblätter waschen und trocken schütteln. Gegrillte Aalstücke auf den Salatblättern anrichten und mit der Erdnussmischung bestreuen. Dazu einen Dip nach Wahl reichen.

Zubereitungszeit: 30 Minuten (plus Marinier- und Grillzeit)
Pro Portion ca. 465 kcal/1953 kJ | 21 g E, 38 g F, 8 g KH

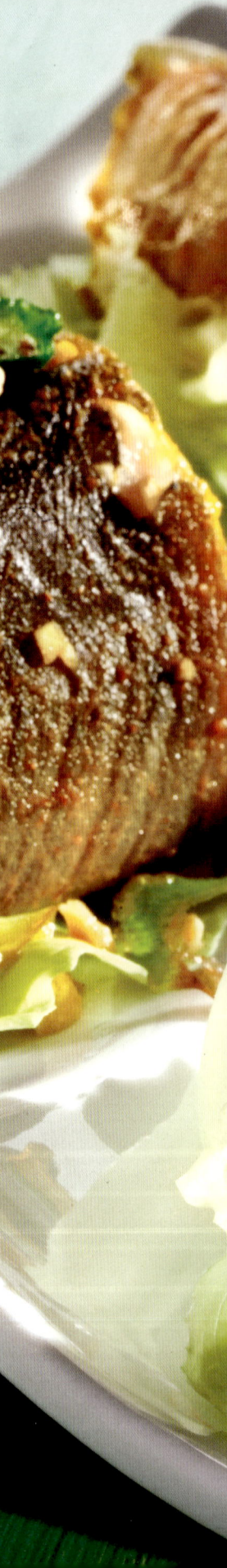

# Goldbrasse in Kokossauce

**Für 4 Portionen**
800 g Goldbrassenfilet
3 kleine Zwiebeln
2 Knoblauchzehen
1 Tl Salz
2 Kokosnüsse oder
250 ml Kokoswasser und 250 g Kokosfleisch
3 El Pflanzenöl
1/2 Bund Frühlingszwiebeln
100 ml Fischfond
1–2 El Nuoc Mam (vietnam. Fischsauce)

Die Fischfilets waschen, trocken tupfen und in 4 bis 6 Teile zerschneiden. Die Zwiebeln putzen und waschen, den Knoblauch schälen und beides hacken. Zwiebeln und Knoblauch in einem Mörser mit dem Salz zerstoßen und die Fischstücke damit einreiben. 30 Minuten marinieren lassen.

Die Kokosnüsse anbohren und das Wasser auffangen. Das Kokosfleisch aus der Schale lösen und sehr fein schneiden.

Das Öl im Wok erhitzen und die Fischstücke darin braten, ohne dass die Außenseite mit der Marinade braun wird. Den Backofen auf 175 °C (Umluft 150 °) vorheizen.

Die Frühlingszwiebeln putzen, waschen und in 4 bis 5 cm lange Stücke schneiden. Die Fischstücke in eine Auflaufform legen. Kokosfleisch, -wasser, Frühlingszwiebeln und Fond angießen und den Fisch im Ofen etwa 20 Minuten garen. Mit Nuoc Mam abschmecken.

Zubereitungszeit: 30 Minuten (plus Marinier-, Brat- und Garzeit)
Pro Portion ca. 517 kcal/2171 kJ | 46 g E, 34 g F, 6 g KH

# Muscheln mit Knoblauch und Chili

**Für 4 Portionen**

| | |
|---|---|
| 200 g Miesmuscheln | 2 El Pflanzenöl |
| 200 g Kammmuscheln | 2 El Austernsauce |
| 200 g Jakobsmuscheln | 2 El Nuoc Mam (vietnam. Fischsauce) |
| 3 Knoblauchzehen | 1 grüne Paprikaschote |
| 2 rote Chilischoten | 4 Schalotten |
| 1 El frisch gehackte Korianderwurzel | 1/2 Bund Minze |
| 1 Tl Salz | |

Die Muscheln bürsten, geöffnete Schalen entfernen. Die Muscheln in kochendem Wasser 5 bis 10 Minuten garen, bis sich die Schalen öffnen. Jetzt noch geschlossene Exemplare entfernen. Die Muscheln aus den Schalen lösen.

Den Knoblauch schälen und hacken. Die Chilis putzen, waschen, entkernen und hacken. Knoblauch, Chilis und Korianderwurzel mit dem Salz im Mörser zu einer Paste zerdrücken.

Das Öl in einer Pfanne oder dem Wok erhitzen und die Würzpaste darin kurz anrösten, dann die Muscheln hinzufügen. Die Saucen unterrühren und alles noch einige Minuten schmoren.

Die Paprika putzen, waschen, entkernen und in dünne Streifen schneiden. Die Schalotten schälen und in Ringe schneiden. Die Minze waschen, trocken schütteln und hacken. Mit dem Gemüse zu den Muscheln geben und gut untermischen. Alles weitere 3 Minuten braten. Dann servieren.

Zubereitungszeit: 30 Minuten (plus Gar- und Bratzeit)
Pro Portion ca. 173 kcal/726 kJ | 16 g E, 7 g F, 9 g KH

# Schwertfisch in Tomatensauce

**Für 4 Portionen**
4 Schwertfischsteaks
Salz
Pfeffer
300 g Tomaten
1 grüne Chilischote
2 Knoblauchzehen
6 Kaffirlimettenblätter
2 El Öl
1 El Honig
2 El Nuoc Mam (vietnam. Fischsauce)
2 El Sake
250 ml Öl zum Frittieren
1/2 Bund Thai-Basilikum

Die Fischsteaks waschen und trocken tupfen. Mit Salz und Pfeffer einreiben. Die Tomaten heiß überbrühen. Stielansätze, Häute und Kerne entfernen und das Fruchtfleisch würfeln.

Die Chili putzen, waschen, entkernen und in Ringe schneiden. Den Knoblauch schälen und fein hacken. Die Kaffirlimettenblätter heiß waschen und in sehr dünne Streifen schneiden.

Das Öl in einer Pfanne erhitzen und Knoblauch mit Chili darin andünsten. Den Honig einrühren und die Tomatenwürfel mit den Limettenblätterstreifen hinzufügen. 4 Minuten unter Rühren schmoren, dann Nuoc Mam, Sake und 4 El Wasser hinzufügen. Die Sauce etwa 15 Minuten köcheln.

Das Öl im Wok oder in einer hohen Pfanne erhitzen und die Schwertfischsteaks darin von beiden Seiten etwa 4 bis 5 Minuten braten. Herausnehmen und auf Küchenpapier abtropfen lassen. Das Basilikum waschen, trocken schütteln und in Streifen schneiden. Die Fischsteaks mit der Sauce und Basilikum bestreut servieren. Dazu passt Reis.

Zubereitungszeit: 40 Minuten (plus Schmor- und Bratzeit)
Pro Portion ca. 223 kcal/936 kJ | 30 g E, 8 g F, 4 g KH

# Makrele im Bananenblatt

**Für 4 Portionen**
4 Schalotten
4 Knoblauchzehen
2 rote Chilischoten
4 Stängel Zitronengras
3 El Nuoc Mam (vietnam. Fischsauce)
3 El Sesamöl
1 Tl Pfeffer
2 Tl Zucker
4 küchenfertige Makrelen
4 große Bananenblätter (je nach Größe)

Die Schalotten und den Knoblauch schälen und hacken. Die Chilis putzen, waschen, entkernen und hacken. Das Zitronengras schälen und hacken. Alle Zutaten mit Nuoc Mam, Sesamöl, Zucker und Pfeffer mischen.

Die Makrelen waschen und trocken tupfen. Mit der Marinade innen und außen einreiben und 30 Minuten ziehen lassen.

Die Bananenblätter waschen und in kochendem Wasser kurz blanchieren. Gut abtropfen lassen und ausbreiten. Den Backofen auf 180 °C (Umluft 160 °C) vorheizen.

Die marinierten Fische in die Bananenblätter legen, je Blatt einen Fisch, die Blätter gut zusammenlegen und mit Küchengarn festbinden.

Die Fische im Backofen etwa 25 bis 30 Minuten garen. Mehrmals wenden. Zum Servieren die Bananenblätter öffnen. Dazu Reis und Salat reichen.

Zubereitungszeit: 20 Minuten (plus Marinier- und Garzeit)
Pro Portion ca. 320 kcal/1344 kJ | 29 g E, 21 g F, 2 g KH

# Fischpfanne Ho Chi Minh

**Für 4 Portionen**
750 g gemischtes Fischfilet
1 Limette
2 Knoblauchzehen
1/2 Stange Staudensellerie
3 Möhren
200 g Sojasprossen
5 El Pflanzenöl
1 El Honig
2 El Reisessig
Salz
Pfeffer
2 El Mehl

Das Fischfilet waschen, trocken tupfen, noch vorhandene Gräten entfernen und das Filet in Würfel schneiden. Die Limette auspressen und die Fischstücke damit beträufeln.

Den Knoblauch schälen und fein hacken. Den Sellerie putzen, waschen und in dünne Ringe schneiden. Die Möhren schälen und würfeln. Die Sojasprossen gut waschen und in einem Sieb abtropfen lassen.

2 El Öl im Wok erhitzen und den Knoblauch darin andünsten. Sellerie und Möhren zugeben und 3 Minuten unter Rühren dünsten. Dann die Sojasprossen unterheben und miterhitzen. Honig und Essig zugeben. Das Gemüse aus dem Wok nehmen und warm stellen.

Wok auswischen und restliches Öl erhitzen. Die Fischstücke würzen, in Mehl wenden und im heißen Öl knusprig braten. Herausnehmen, auf Küchenpapier abtropfen lassen und mit dem Gemüse zusammen servieren. Dazu Reis reichen.

Zubereitungszeit: 30 Minuten (plus Schmor- und Bratzeit)
Pro Portion ca. 292 kcal/1226 kJ | 37 g E, 9 g F, 12 g KH

# Gedämpfter Wolfsbarsch in Pak Soi

**Für 4 Portionen**
500 g Wolfsbarsch
1 Pak Soi
1 Tl Salz
1 Tl zerstoßene schwarze Pfefferkörner
5 cm frische Ingwerwurzel
3 Schalotten
1 El Öl
3 El Sherry
6 El Hühnerbrühe
1/2 Bund Koriander
1/2 Bund Schnittlauch
1 El Sesamöl

Den Fisch waschen, trocken tupfen und in 4 Portionen teilen. Vom Pak Soi die 4 größten Blätter abnehmen, putzen und in kochendem Wasser kurz blanchieren. Abtropfen und abkühlen lassen.

Jedes Fischfilet auf das Ende eines Kohlblattes legen. Mit Salz und Pfeffer würzen. Die Kohlblätter aufrollen und die Seiten gut einschlagen.

Die Fischpäckchen im Dämpftopf auf einem Teller 8 bis 10 Minuten dämpfen, bis der Fisch gar ist. Danach die Dämpfflüssigkeit auffangen, die Fischpäckchen warm stellen.

Den Ingwer und die Schalotten schälen und fein hacken. Das Öl in einer Pfanne erhitzen und Ingwer mit Schalotten darin dünsten. Den Sherry angießen und verkochen lassen. Mit Brühe und Dämpfflüssigkeit aufgießen und etwas einkochen lassen.

Die gehackten Kräuter unterheben und abschmecken. Die Fischpäckchen mit Sesamöl beträufeln und mit der Sauce servieren. Dazu Reis reichen.

Zubereitungszeit: 30 Minuten (plus Gar-, Schmor- und Bratzeit)
Pro Portion ca. 460 kcal/1932 kJ | 19 g E, 8 g F, 76 g KH

# Frittierter Fisch mit Ingwerdip

**Für 4 Portionen**

3 küchenfertige Forellen
2 Knoblauchzehen
1 rote Chilischote
1/4 Tl schwarze Pfefferkörner
1 Msp. Zimt
1 Msp. Nelkenpulver
1 Tl Salz
2 El Öl
2 Frühlingszwiebeln
250 ml Öl zum Frittieren

Für den Ingwer-Dip:
1 Knoblauchzehe
1 rote Chilischote
5 cm frische Ingwerwurzel
3 El brauner Zucker
2 El Zitronensaft
4 El Nuoc Mam (vietnam. Fischsauce)

Die Fische waschen und trocken tupfen. Auf jeder Seite mit dem Messer mehrmals quer einschneiden. Den Knoblauch schälen und hacken. Die Chili putzen, waschen, entkernen und hacken.

Knoblauch, Chili, Pfefferkörner, Zimt und Nelkenpulver mit Salz im Mörser zu einer Paste zerstoßen. Mit dem Öl vermischen.

Die Fische mit der Würzpaste bestreichen und 20 Minuten ruhen lassen. Das Öl im Wok oder in einer großen hohen Pfanne erhitzen und die Fische darin von beiden Seiten knusprig frittieren. Herausnehmen und auf Küchenpapier abtropfen lassen. Die Frühlingszwiebeln putzen, waschen und hacken.

Für den Dip den Knoblauch schälen und hacken. Die Chili putzen, waschen, entkernen und hacken. Den Ingwer schälen und hacken. Alles mit Zucker im Mörser fein zerkleinern und mit Zitronensaft, Nuoc Mam und 4 El Wasser mischen.

Die Fische mit Frühlingszwiebeln und dem Ingwer-Dip servieren. Dazu Reis reichen.

Zubereitungszeit: 20 Minuten (plus Ruhe- und Grillzeit)
Pro Portion ca. 195 kcal/819 kJ | 23 g E, 7 g F , 7 g KH

# Currys, Reis und Nudeln

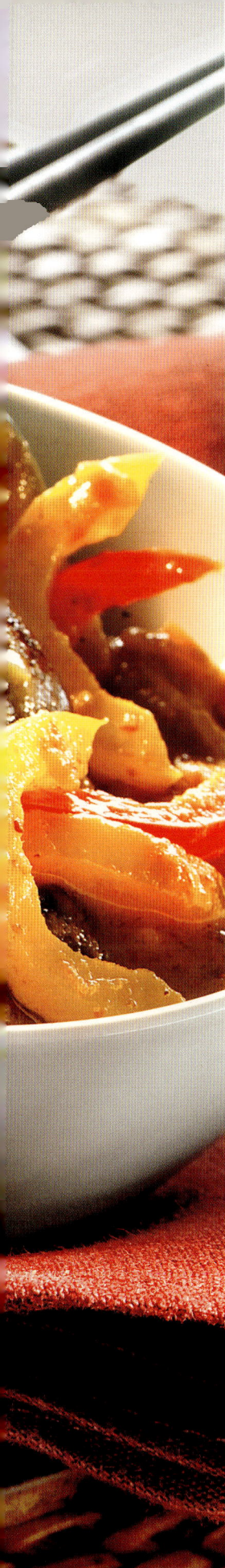

# Auberginencurry

**Für 4 Portionen**
500 g Auberginen
Salz
3 Schalotten
2 Knoblauchzehen
3 cm frische Ingwerwurzel
je 1/2 rote und gelbe Paprikaschote
1 El Erdnussöl
4 El Pflanzenöl
2 Tl rote Currypaste
125 ml Kokosmilch
1 Tl Zucker
1 El Nuoc Mam (vietnam. Fischsauce)
Saft von 1/2 Zitrone
je 1/4 Bund Thai-Basilikum und Koriander

Die Auberginen putzen, waschen und trocken tupfen. In mundgerechte Würfel schneiden und mit etwas Salz bestreuen. Die Schalotten, den Knoblauch und den Ingwer schälen und alles sehr fein hacken. Die Paprikahälften putzen, waschen, entkernen und in sehr feine Streifen schneiden.

Erdnussöl und 2 El Pflanzenöl im Wok oder einer großen Pfanne erhitzen und die Auberginenwürfel darin von allen Seiten gut anbraten, sodass sie leicht gebräunt sind. Auberginen herausnehmen und warm stellen.

Restliches Öl erhitzen und Schalotten, Knoblauch, Ingwer und Paprikastreifen in den Wok geben, unter Rühren gut andünsten. Die Currypaste unterrühren und mit der Kokosmilch vermischen. Etwa 2 Minuten köcheln, dann mit Zucker, Nuoc Mam und Zitronensaft pikant abschmecken.

Die Kräuter waschen, trocken schütteln und fein hacken. Auberginenwürfel mit der Currysauce mischen, kurz erhitzen und mit den Kräutern bestreut servieren. Dazu Reis reichen.

Zubereitungszeit: 20 Minuten (plus Schmor- und Garzeit)
Pro Portion ca. 118 kcal/495 kJ | 2 g E, 8 g F, 8 g KH

# Curry mit Schweinefleisch

**Für 4 Portionen**

| | |
|---|---|
| 10 g getrocknete Garnelen | Salz |
| 3 Schalotten | 1 Tl Tamarindenpaste |
| 3 Knoblauchzehen | 600 g Schweinefilet |
| 3 cm frische Ingwerwurzel | Pfeffer |
| 2 grüne Chilischoten | 2 El Pflanzenöl |
| 2 Stängel Zitronengras | 400 ml Kokosmilch |
| 2 El Currypulver | 3 Frühlingszwiebeln |
| 2 El Palmzucker | 100 g Erbsen (TK) |
| 3 El helle Sojasauce | 100 g Sojasprossen |

Die Garnelen in warmem Wasser etwa 30 Minuten einweichen, dann abgießen. Die Schalotten, den Knoblauch und den Ingwer schälen und hacken. Die Chilischoten putzen, entkernen und in Ringe schneiden. Das Zitronengras schälen und hacken. Alle diese Zutaten mit den Garnelen im Mixer fein pürieren. Das Würzpüree mit Curry, Zucker, Sojasauce und etwas Salz mischen. Die Tamarindenpaste mit 80 ml Wasser verrühren.

Das Schweinefilet waschen, trocken tupfen und in Streifen schneiden, salzen und pfeffern. Im Wok im heißen Öl unter Rühren 3 Minuten braten. Die Kokosmilch hinzufügen, aufkochen und bei kleiner Hitze 20 Minuten köcheln lassen.

Die Frühlingszwiebeln putzen, waschen und hacken. Die Erbsen auftauen, die Sprossen waschen und abtropfen lassen. Das Gemüse mit dem Tamarindenwasser und der Würzpaste zum Fleisch geben und alles weitere 8 Minuten köcheln lassen. Dazu passt Reis.

Zubereitungszeit: 40 Minuten (plus Einweich-, Brat- und Kochzeit)
Pro Portion ca. 310 kcal/1302 kJ | 37 g E, 9 g F, 19 g KH

# Curry mit dreierlei Fleisch

**Für 4 Portionen**
je 200 g Schweine-, Rind- und Lammfleisch
3 cm frische Ingwerwurzel
2 Knoblauchzehen
1 Lauchstange
2 El Pflanzenöl
3 El gelbe Currypaste
400 ml Kokosmilch
4 El Nuoc Mam (vietnam. Fischsauce)
2 El brauner Zucker
1/2 Bund Frühlingszwiebeln

Das Fleisch waschen, trocken tupfen und in mundgerechte Würfel schneiden. Den Ingwer und den Knoblauch schälen und fein hacken. Den Lauch gut putzen, gründlich waschen und in dünne Ringe schneiden.

Das Öl im Wok erhitzen. Knoblauch, Ingwer und Currypaste darin unter Rühren 2 Minuten anschwitzen. Dann Fleischwürfel und Lauch hinzufügen und scharf anbraten.

Die Kokosmilch angießen und aufkochen. Bei mittlerer Temperatur das Curry weitere 20 bis 30 Minuten köcheln, bis das Fleisch weich ist. Dann mit Zucker und Nuoc Mam abschmecken.

Die Frühlingszwiebeln putzen, waschen und in feine Ringe schneiden. Das Curry mit den Zwiebelringen bestreut servieren.

Zubereitungszeit: 30 Minuten (plus Brat- und Garzeit)
Pro Portion ca. 255 kcal/1071 kJ | 27 g E, 10 g F, 12 g KH

# Hühnercurry

**Für 4 Portionen**
600 g gekochtes Hühnerfleisch
3 El Öl
3 Zwiebeln
4 Knoblauchzehen
5 cm frische Ingwerwurzel
2 Stängel Zitronengras
2 Tl getrocknete Chilis
2 El Currypulver
2 Tl Zucker
1 Tl Salz
400 ml Kokosmilch
100 ml Hühnerbrühe
100 g Sojasprossen
100 g Bambussprossen
1/2 Bund Koriander

Das Hühnerfleisch gegebenenfalls von den Knochen befreien und klein schneiden. Das Öl im Wok erhitzen. Die Zwiebeln, den Knoblauch und den Ingwer schälen und hacken. Das Zitronengras schälen und fein hacken. Mit dem Messer zusätzlich zerdrücken.

Zwiebeln, Knoblauch, Ingwer und Zitronengras im heißen Öl kurz anschwitzen.

Chilis und Currypulver hinzufügen und alles etwa 3 Minuten unter Rühren weiter-schwitzen. Das Hühnerfleisch mit Zucker und Salz unterheben. Das Curry etwa 15 Minuten braten, dabei mehrmals umrühren, damit sich die Gewürze gut verteilen.

Die Kokosmilch und die Brühe angießen und unter Rühren aufkochen. Soja- und Bambussprossen unterheben und alles weitere 5 Minuten köcheln.

Den Koriander waschen, trocken schütteln und hacken. Das Hühnercurry mit Korian-der bestreut servieren.

Zubereitungszeit: 20 Minuten (plus Brat- und Garzeit)
Pro Portion ca. 270 kcal/1132 kJ | 38 g E, 7 g F, 12 g KH

# Fischcurry

**Für 4 Portionen**

800 g Fischfilet
2 El Zitronensaft
Salz
2 Schalotten
2 Knoblauchzehen
3 cm frische Ingwerwurzel
1 Stängel Zitronengras
je 1/2 Bund Thai-Basilikum und Koriander

2 rote Chilischoten
3 El Pflanzenöl
1/2 Tl Kurkuma
1 Tl gemahlener Koriander
400 ml Kokosmilch
Pfeffer
1 Tl Zucker

Die Fischfilets waschen, trocken tupfen und in mundgerechte Würfel schneiden, mit 1 El Zitronensaft beträufeln und salzen.

Die Schalotten, den Knoblauch und den Ingwer schälen und fein hacken. Das Zitronengras von den äußern harten Blättern befreien und die Stängel in kleine Ringe schneiden. Mit dem Messerrücken zusätzlich zerdrücken.

Die Kräuter waschen, trocken schütteln und hacken. Die Chilis putzen, waschen, entkernen und hacken.

2 El Öl im Wok erhitzen und die Fischwürfel darin unter Wenden etwa 3 bis 4 Minuten knusprig braten. Die Fischwürfel herausnehmen, auf Küchenpapier abtropfen lassen und warm stellen.

Den Wok auswischen. Das restliche Öl darin erhitzen und nacheinander Schalotten, Knoblauch, Zitronengras, Ingwer, Kurkuma und gemahlenen Koriander hinzufügen und unter ständigem Rühren etwa 3 Minuten anschwitzen, mit Kokosmilch ablöschen.

Das Curry mit Salz, Pfeffer, restlichem Zitronensaft und Zucker abschmecken.

Die Fischwürfel unter das Curry heben. Mit gehackten Kräutern und frischen Chilis bestreut servieren.

Zubereitungszeit: 30 Minuten (plus Brat- und Garzeit)
Pro Portion ca. 237 kcal/995 kJ | 35 g E, 5 g F, 9 g KH

# Krebscurry mit Süßkartoffeln

**Für 4 Portionen**
300 g Süßkartoffeln
500 g gekochtes Krebsfleisch
3 Schalotten
2 Knoblauchzehen
1 rote Chilischote
2 Stängel Zitronengras
6 El Pflanzenöl
2 Tl Garnelenpaste
2 Tl Kreuzkümmelsamen
1 El Koriandersamen
1 Tl gemahlene Galgantwurzel
1 Tl Kurkuma
1 Tl Currypulver
100 ml Hühnerbrühe
1 El Reiswein
Salz
Pfeffer
2 El frisch gehackter Koriander

Die Kartoffeln schälen und in Würfel schneiden. Das Krebsfleisch ebenfalls würfeln. Die Schalotten und den Knoblauch schälen und fein hacken. Die Chili putzen, waschen, entkernen und hacken. Das Zitronengras schälen und fein hacken.

2 El Öl in einer Pfanne erhitzen und Schalotten sowie Knoblauch darin unter Rühren etwa 3 Minuten andünsten. Die Garnelenpaste einrühren und alles 3 Minuten schmoren. Pfanne vom Herd nehmen. Chili, Zitronengras, Kreuzkümmel und Koriandersamen im Mörser fein zerstoßen und mit den gemahlenen Gewürzen mischen. Alles unter die Schalotten-Knoblauch-Mischung heben, erhitzen und die Hühnerbrühe angießen.

Restliches Öl im Wok erhitzen und die Süßkartoffeln darin unter Rühren etwa 15 Minuten schmoren, die Currysauce und den Reiswein angießen. Das Krebsfleisch unterheben und etwa 3 Minuten mitköcheln. Abschmecken und mit Koriander bestreut servieren.

Zubereitungszeit: 40 Minuten (plus Schmor- und Garzeit)
Pro Portion ca. 297 kcal/1247 kJ | 26 g E, 10 g F, 23 g KH

# Frittierte Nudeln mit Tofu

**Für 4 Portionen**

| | |
|---|---|
| 500 g Tofu | 100 ml Gemüsebrühe |
| 2 rote Chilischoten | 4 El Hoisinsauce |
| 1 Lauchstange | 2 El Sojasauce |
| je 1 rote und grüne Paprikaschote | 1 El Tomatenmark |
| 1 Stängel Zitronengras | Salz |
| 250 ml Pflanzenöl | Pfeffer |
| 100 g Glasnudeln | 1/2 Bund frisch gehackter Koriander |

Den Tofu in mundgerechte Würfel schneiden und trocken tupfen. Die Chilis putzen, waschen, entkernen und hacken. Den Lauch putzen, waschen und in dünne Ringe schneiden. Die Paprika putzen, waschen, Kerne entfernen und die Schoten in Streifen schneiden. Das Zitronengras schälen, hacken und mit dem Messer zerdrücken.

Das Öl in einem Wok oder in einer hohen Pfanne erhitzen und die Tofustücke darin knusprig braten. Herausnehmen und auf Küchenpapier abtropfen lassen.

25 g Glasnudeln ins heiße Öl geben und frittieren, bis sie sich aufplustern. Sie müssen dabei ganz mit Fett bedeckt sein. Die Nudeln herausnehmen, abtropfen lassen und warm stellen. Restliche Nudeln ebenfalls portionsweise frittieren.

Öl bis auf 3 El aus dem Wok entfernen und Chilis, Zitronengras, Lauch und Paprika darin unter Rühren schmoren. Tofu hinzufügen und unterrühren.

Die Saucen mit der Brühe und Tomatenmark mischen und zum Wokinhalt geben. Alles weitere 2 Minuten köcheln. Abschmecken. Die Nudeln auf Teller verteilen und mit der Tofumischung bedecken. Mit Koriander bestreut servieren.

Zubereitungszeit: 40 Minuten (plus Schmor- und Frittierzeit)
Pro Portion ca. 450 kcal/1890 kJ | 24 g E, 33 g F, 14 g KH

# Fadennudeln mit Ei

**Für 4 Portionen**

50 g Reisfadennudeln
3 Knoblauchzehen
2 Frühlingszwiebeln
1 rote Chilischote
1 El Nuoc Mam (vietnam. Fischsauce)
1 Tl Limettensaft
1 El Zucker
1 Tl Zuckercouleur (bräunliche Lebensmittelfarbe)
Salz

Pfeffer
6 Eier
1/2 Chinakohl
1/2 Salatgurke
2 El eingelegte Möhren
2 El frisch gehackte Minze
2 El frisch gehackter Koriander
2 El Pflanzenöl

Die Reisnudeln in kochendem Salzwasser etwa 3 Minuten unter Rühren garen. In ein Sieb gießen und mit kaltem Wasser abschrecken. Abtropfen lassen.

Den Knoblauch schälen und hacken. Die Frühlingszwiebeln putzen, waschen und hacken. Die Chili putzen, waschen, entkernen und in dünne Ringe schneiden.

Nuoc Mam mit Limettensaft, Zucker, einem Drittel des Knoblauchs und den Chiliringen mischen und beiseitestellen.

Restlichen Knoblauch, Frühlingszwiebeln und Zuckercouleur in einer Schüssel mischen und mit Salz und Pfeffer würzen. Die Eier verquirlen und unterrühren.

Den Kohl putzen, waschen, Strunk entfernen und die Blätter in Streifen schneiden. Die Gurke waschen und würfeln. Kohl, Gurke, Möhren und Kräuter auf 4 Schüsseln verteilen. Auf das Gemüse die Reisnudeln geben.

Das Öl im Wok erhitzen und die Eiermischung darin zu einem Omelett backen. Wenden und herausnehmen. In 8 Stücke schneiden. Je 2 Stücke auf eine Gemüse-Nudel-Schüssel legen und etwas von der beiseitegestellten Sauce darübergeben.

Zubereitungszeit: 40 Minuten (plus Gar- und Bratzeit)
Pro Portion ca. 262 kcal/1100 kJ | 13 g E, 15 g F, 16 g KH

# Reisnudeln mit Pfefferfisch

**Für 4 Portionen**
400 g runde Reisnudeln
400 g Fischfilet
200 g Möhren
1 Bund Frühlingszwiebeln
1/2 Bund Koriander
1 El zerstoßene Pfefferkörner
Salz
4 El Öl
2 El Nuoc Mam (vietnam. Fischsauce)
4 El Hühnerbrühe

Die Nudeln 10 Minuten in lauwarmem Wasser einweichen. Das Fischfilet waschen und trocken tupfen.

Die Möhren schälen, halbieren und in dünne Streifen schneiden. Die Frühlingszwiebeln putzen, waschen, halbieren und schräg in 4 bis 5 cm lange Stücke schneiden. Den Koriander waschen, trocken schütteln und hacken.

Die Nudeln aus dem Einweichwasser nehmen und in kochendem Wasser etwa 4 Minuten garen.

Inzwischen die Fischfilets mit Salz und Pfeffer würzen. Das Öl in einer Pfanne erhitzen und den Fisch darin etwa 2 Minuten braten. Möhren und Zwiebeln zugeben und 1 Minute mitbraten. Mit Nuoc Mam und Brühe ablöschen.

Die Nudeln abgießen, abtropfen lassen und auf Teller verteilen. Dann den Fisch darauflegen und mit Koriander bestreut servieren.

Zubereitungszeit: 25 Minuten (plus Einweich-, Gar- und Schmorzeit)
Pro Portion ca. 492 kcal/2066 kJ | 30 g E, 8 g F, 70 g KH

# Reis mit Shrimps

**Für 4 Portionen**
500 g Basmatireis
Salz
1–2 Möhren
1 Bund Frühlingszwiebeln
1–2 Knoblauchzehen
125 g Sojasprossen
125 g Zuckerschoten
250 g geschälte Shrimps
3 El Öl
3 Eier
2 El Nuoc Mam (vietnam. Fischsauce)
Pfeffer
2 El Chilisauce

Den Reis in einem Topf mit Salzwasser zum Kochen bringen und ausquellen lassen. Die Möhren putzen, schälen und in dünne Stifte schneiden. Die Frühlingszwiebeln putzen, waschen und in feine Ringe schneiden. Den Knoblauch schälen und hacken. Die Sojasprossen und die Zuckerschoten waschen und abtropfen lassen.

Die Shrimps vom Darm befreien und in kochendem Wasser kurz blanchieren, bis sie rot sind. Herausnehmen und warm stellen.

Das Öl im Wok erhitzen und den Knoblauch darin andünsten. Die Eier in eine heiße Pfanne schlagen und verrühren, bis sie stocken.

Den Reis mit etwas Nuoc Mam würzen und unter Rühren zu den Eiern geben. Nacheinander die Möhren, Zuckerschoten und Frühlingszwiebeln unterheben. Shrimps und Sojasprossen hinzufügen und alles noch etwa 5 Minuten braten. Würzen und mit Chilisauce servieren.

Zubereitungszeit: 25 Minuten (plus Gar- und Schmorzeit)
Pro Portion ca. 647 kcal/2717 kJ | 30 g E, 11 g F, 105 g KH

# Reis mit Lotuskernen

**Für 4 Portionen**
200 g Klebreis
200 g schwarze Bohnen
100 g gekochte Lotuskerne aus der Dose
1/2 Bund Frühlingszwiebeln
2 Knoblauchzehen
2 El Öl

Den Reis über Nacht in kaltem Wasser einweichen. Die schwarzen Bohnen ebenfalls mindestens 12 Stunden einweichen.

Danach Reis und Bohnen gut abspülen. In einem Topf 500 ml Wasser aufkochen und die Bohnen darin etwa 30 Minuten köcheln. Nach 25 Minuten Garzeit den Klebreis hinzufügen. Bohnen und Reis nach der Garzeit in einem zusammengeschlagenen Tuch im Dämpftopf etwa 50 Minuten dämpfen, bis sie weich sind.

Die Lotuskerne in einem Sieb abtropfen lassen. Die Frühlingszwiebeln putzen, waschen und hacken. Den Knoblauch schälen und hacken. Das Öl im Wok erhitzen, den Knoblauch anbraten, dann Frühlingszwiebeln und Lotuskerne hinzufügen und alles etwa 2 Minuten schwitzen.

Den schwarzen Reis nach dem Dämpfen mit dem Wokinhalt mischen. Als Beilage zu Fleisch oder eingelegtem Gemüse reichen.

### Info

Lotuskerne sind die Kerne der Lotuspflanze, die in Vietnam und anderen asiatischen Ländern das Symbol für Reinheit darstellt. So werden in Lotusblätter gerne kleine Opfergaben gewickelt. Alle Teile der Pflanze, wie Wurzeln, Stängel, Blätter und Kerne, werden auch in der Küche oder in der Naturmedizin verwendet. Die Kerne mit dem leicht nussigen Geschmack werden eingeweicht und dann weich gekocht. Sie sind auch als Dosenkonserven erhältlich.

Zubereitungszeit: 20 Minuten (plus Einweich-, Gar-, Dämpf- und Schmorzeit)
Pro Portion ca. 262 kcal/1100 kJ | 7 g E, 3 g F, 50 g KH

# Desserts und Getränke

# Fruchtsalat mit Kokoscreme

**Für 4 Portionen**
2 El Reismehl
400 ml Kokosmilch
2 El Zucker
1 Mango
1 kleine Ananas
6 Litschis
1 Papaya
1 Sternfrucht
3 El Reiswein
3 El Honig
Saft von 1/2 Zitrone

Reismehl, Kokosmilch und Zucker miteinander verrühren und in einen Topf geben. Die Mischung erhitzen und unter Rühren aufkochen. Weiterrühren und bei geringer Temperatur etwa 3 Minuten köcheln, bis die Creme leicht andickt. Die Creme vom Herd nehmen und abkühlen lassen.

Das Obst bis auf die Sternfrucht schälen. Die Litschis durch Drücken auf die äußere Schale herauslösen. Die Mango vom Stein befreien, die Kerne der Papaya mit einem Löffel entfernen. Aus der Ananas den harten Strunk und die „Augen" herausschneiden.

Das Obst würfeln, die Sternfrucht in dünne Scheiben schneiden. Das Obst in eine Schüssel geben und mit dem Reiswein begießen. Abgedeckt beiseitestellen.

Honig und Zitronensaft mit 150 ml Wasser in einem Topf verrühren, aufkochen und zu einem Sirup einkochen lassen. Den Sirup über die Früchte geben und etwa 30 Minuten ziehen lassen.

Den Fruchtsalat in Gläsern oder Schalen anrichten und nach Belieben dekorieren. Dazu die Creme reichen.

Zubereitungszeit: 30 Minuten (plus Zeit zum Kochen und Durchziehen)
Pro Portion ca. 272 kcal/1142 kJ | 2 g E, 1 g F, 61 g KH

# Kokospudding mit Ananas

**Für 4 Portionen**
225 ml fette Kokosmilch
4 Eier
100 g brauner Zucker
4 Scheiben frische Ananas
2 El weißer Rum

Die Kokosmilch mit den Eiern und dem Zucker in eine Schüssel geben und so lange mit dem Mixer verrühren, bis der Zucker sich gelöst hat. Wenn eine glatte Masse entstanden ist, diese durch ein Sieb streichen.

Diese Masse in Förmchen geben und im Wasserbad im Wok oder einem großen Topf etwa 20 Minuten dämpfen, bis die Masse gestockt ist. Den Pudding abkühlen lassen.

Die Ananasscheiben in kleine Würfel schneiden und auf dem Kokospudding verteilen. Mit etwas weißem Rum beträufelt servieren.

### Info

Kokosmilch wird in der asiatischen Küche ähnlich wie Kuhmilch genutzt. Zur Herstellung von Kokosmilch werden ungesüßte Kokosraspel in Wasser, Milch oder Kokoswasser etwa 30 Minuten gekocht und dann auf ein feuchtes Tuch geschüttet. Durch Drehen des Tuches wird die Flüssigkeit aus den Kokosraspeln gepresst, und heraus kommt die Kokosmilch. Bald setzt sich eine cremige Sahne auf der Milch ab, die man abschöpfen oder wieder unter die Kokosmilch rühren kann.

Zubereitungszeit: 15 Minuten (plus Dämpfzeit)
Pro Portion ca. 246 kcal/1033 kJ | 8 g E, 7 g F, 34 g KH

# Frittierte Früchte

**Für 4 Portionen**
125 g Reismehl
2 El Zucker
2 Eier
125 ml stilles Mineralwasser
1 Kokosnuss
1 Mango
200 g Süßkartoffeln
100 g Butterschmalz
Puderzucker zum Bestäuben

Das Reismehl mit dem Zucker und den Eiern in einer Schüssel mischen und zu einem festen Teig verarbeiten. Das Mineralwasser langsam einfließen lassen und weiterrühren, bis ein glatter, leicht flüssiger Teig entstanden ist.

Die Kokosnuss anstechen, das Wasser herauslaufen lassen, die Hälfte der Nuss schälen und das Fruchtfleisch in dünne Streifen schneiden. Die Mango schälen, den Kern entfernen. Die Süßkartoffeln schälen. Mango und Süßkartoffeln in dünne Scheiben schneiden.

Ein Viertel vom Butterschmalz in einer Pfanne oder im Wok schmelzen. Die Fruchtscheiben nacheinander in den Teig tauchen, abtropfen lassen und im heißen Fett knusprig ausbacken. Mit Puderzucker bestäubt servieren.

## Info

Um eine Kokosnuss zu öffnen, werden zuerst mit einem spitzen Gegenstand Löcher in die „Augen" im oberen Teil der Schale gestochen. So kann man das fast durchsichtige Kokoswasser abfließen lassen. Dann schlägt man mit einem Hammer auf die Stelle etwas unterhalb der Augen. Bei einer reifen Nuss ist die Schale hart und das Fruchtfleisch sitzt fest daran. Man kann die Kokosnuss auch in den Backofen legen und 30 Minuten bei 180 °C (Umluft 160 °C) backen. Dann bricht die Schale von selbst auf. Kokosnussfleisch hält sich etwa 1 Woche im Kühlschrank, wenn es mit Wasser bedeckt ist.

Zubereitungszeit: 30 Minuten (plus Zeit zum Frittieren)
Pro Portion ca. 537 kcal/2255 kJ | 8 g E, 34 g F, 48 g KH

# Grüner Klebreis mit Kokos

**Für 4 Portionen**
200 g Klebreis
1 Tl Pandanusextrakt
100 ml Kokosmilch
70 g Palmzucker
3 El geschälte Erdnüsse
2 El Sesamsamen
Salz
4 El Kokosraspel

Den Reis über Nacht in kaltem Wasser einweichen. Am nächsten Tag abgießen, spülen und mit dem Pandanusextrakt mischen. Den Dämpfkorb mit einem Tuch auslegen, den Reis hineingeben, das Tuch zusammenschlagen und den Reis etwa 20 Minuten dämpfen, bis er gar ist.

Inzwischen die Kokosmilch mit Zucker in einem Topf aufkochen und unter Rühren eindicken lassen.

Die Erdnüsse und die Sesamsamen getrennt ohne Fett rösten, Erdnüsse hacken. Mit dem Sesam mischen und leicht salzen.

Den Klebreis aus dem Tuch nehmen und mit der Kokosmischung vermengen. Mit der Nuss-Sesam-Mischung servieren.

## Info

Die Pandanuspflanze ist eine immergrüne Pflanze, die aus Nordaustralien und Indonesien stammt. Ihre langen, schmalen Blätter haben einen vanilleähnlichen Geschmack. Daher werden Pandanusblätter in Asien gerne zum Aromatisieren und Färben von Getränken und Süßspeisen verwendet. Die Blätter werden mit einem Messerrücken zerquetscht und dann in etwas Flüssigkeit, wie zum Beispiel Kokosmilch, erhitzt. Der entstandene, tiefgrüne Sud wird gefiltert.

Zubereitungszeit: 15 Minuten (plus Einweich-, Dämpf- und Kochzeit)
Pro Portion ca. 410 kcal/1722 kJ | 6 g E, 24 g F, 41 g KH

# Ananas-Eis

**Für 4 Portionen**
100 g frische Ananas
175 g Zucker
1 El Limettensaft
1 El Gelatinepulver
350 ml Sahne
Ananasstücke und Kokoschips oder -flocken
zum Dekorieren

Die Ananas in kleine Würfel schneiden, eventuell im Mixer zerkleinern. Die Ananas mit Zucker und Limettensaft mischen. Die Gelatine in 3 El Wasser anrühren, zum Ananaspüree geben und so lange rühren, bis der Zucker sich gelöst hat.

Die Sahne sehr steif schlagen und unter die Masse heben. Die Ananasmischung in eine Schüssel füllen und im Gefrierschrank fest werden lassen.

Wenn die Creme halb gefroren ist, aus dem Gefrierschrank nehmen und mit dem Pürierstab glatt rühren. Die Masse vollständig gefrieren lassen.

Zum Servieren mit einem Portionierer Eiskugeln abstechen und diese auf Schälchen verteilen. Mit Ananasstücken verzieren und mit Kokoschips oder -flocken bestreuen.

Zubereitungszeit: 20 Minuten (plus Zeit zum Gefrieren)
Pro Portion ca. 492 kcal/2066 kJ | 3 g E, 29 g F, 53 g KH

# Bananencreme

**Für 4 Portionen**
3 El Tapioka- oder Sagoperlen
4 El Kokoscreme
4 El Zucker
4 Bananen
2 El Orangenlikör
4 El Erdnüsse

Die Tapioka- oder Sagoperlen etwa 15 Minuten in heißem Wasser einweichen. Danach abgießen und gut abtropfen lassen.

Die Kokoscreme mit 5 El Wasser mischen, mit dem Zucker verrühren und in einem Topf zum Kochen bringen. Die Bananen schälen und in dünne Scheiben schneiden.

Bananenscheiben und Tapioka oder Sago in die heiße Kokosmilch geben und unter Rühren köcheln, bis der Sago durchsichtig ist. Den Orangenlikör einrühren. Die Creme nach Belieben pürieren. In Förmchen füllen und erkalten lassen.

Die Erdnüsse ohne Fett rösten und grob hacken. Die Bananencreme mit den gerösteten Erdnüssen bestreut servieren.

## Info

Tapioka, auch als Maniok bekannt, ist die längliche Knolle einer Strauchpflanze. Die Knolle kann mehrere Jahre wachsen, bis sie geerntet wird. Tapioka enthält Blausäure und sehr viel Stärke. Etwa 4 kg Tapioka sind notwendig, um 1 kg Stärke zu erhalten.

Zubereitungszeit: 20 Minuten (plus Einweich- und Kochzeit)
Pro Portion ca. 282 kcal/1184 kJ | 3 g E, 5 g F, 52 g KH

# Kokos-Eiscreme

**Für 4 Portionen**
275 ml Kokosmilch
350 ml Sahne
2 Eier
2 Eigelb
100 g Zucker
1 Tl Vanillemark
Salz
50 g Kokosraspel
4 El Pfefferminzlikör

Die Kokosmilch mit der Sahne in einen Topf geben, aufkochen und 5 Minuten köcheln, dann etwas abkühlen lassen. Eier, Eigelbe, Zucker, Vanillemark und 1 Prise Salz gut miteinander verrühren.

Eine Metallschüssel zur Hälfte in einen Topf mit heißem Wasser stellen. Die Eier-Zucker-Masse in die Schüssel geben. Die warme Kokos-Sahne dazugießen und alles so lange verrühren, bis die Masse dick wird. Aus dem Wasserbad nehmen und abkühlen lassen. Die Kokoscreme etwa 1 Stunde gefrieren lassen. Danach mit dem Handrührgerät glatt rühren und im Gefrierschrank vollständig fest werden lassen.

Die Kokosflocken ohne Fett goldgelb rösten. Die Kokos-Eiscreme auf Schälchen verteilen, mit Pfefferminzlikör überziehen und mit Kokosflocken bestreuen.

Zubereitungszeit: 20 Minuten (plus Zeit zum Kochen und zum Gefrieren)
Pro Portion ca. 552 kcal/2318 kJ | 10 g E, 41 g F, 33 g KH

# Tee mit Zimt und Zitronengras

**Für 4 Portionen**
3 Stängel frisches Zitronengras
2 Zweige frische Minze
2 Zimtstangen
1/2 Tl Teepulver (schwarz)

Das Zitronengras von den äußeren Blättern befreien. Das Zitronengras und die Minze gut waschen, trocken schütteln und fein hacken.

1 l Wasser erhitzen und sprudelnd zum Kochen bringen.

Die Kräuter, zerbrochene Zimtstangen und das Teepulver in eine Kanne geben und mit dem kochenden Wasser übergießen. Den Tee etwa 5 Minuten ziehen lassen. Heiß servieren.

## Info

Das Teetrinken hat in Asien eine lange Tradition. Tee gibt es überall. Eine Schale Tee wird nach jedem Essen gereicht, das ist obligatorisch.

Jeder Gast bekommt Tee, und in jedem Hotelzimmer steht heißes Wasser bereit, um sich Tee zu kochen. Vietnams Nationalgetränk ist grüner Tee. Daneben gibt es schwarzen Tee und zahlreiche andere Sorten, wie Jasmin-, Lotus- oder Chrysanthementee.

Getrunken wird der Tee ungezuckert. Im Norden liebt man stark parfümierte Sorten, im Süden schätzt man den weichen Teegeschmack.

Zubereitungszeit: 10 Minuten (plus Zeit zum Kochen und Ziehen)
Pro Portion ca. 16 kcal/67 kJ | 1 g E, 1 g F, 1 g KH